子供はみんなアーティスト!

THE ARTIST'S WAY FOR PARENTS -Raising Creative Children-

ジュリア・キャメロン
Julia Cameron
エマ・ライブリー
Emma Lively

沼田壮平＝監訳
荒尾日南子／渡邉典代＝訳

FACTORY A-WORKS

序文

20年前、私は、『The Artist's Way（邦題：ずっとやりたかったことを、やりなさい。）』という本を出版しました。

その本の基盤となる、「私たちは創造力に満ちあふれた存在である」という考え方に、多くの人々が共鳴し、驚くべきことに４００万人以上の人々が買い求めてくれました。

私のワークショップに訪れた人たちは、「あなたの本に感化されて作ったのよ」と、本やCD、絵画などを見せてくれました。

そんな素敵な贈りものと一緒に、「ジュリア、子供の創造力の育て方についての本を書いて頂けないかしら？」と多くの親からのリクエストも増えていきました。

私は長い間、この声に応えることはありませんでした。なぜなら私が、『The Artist's Way』で紹介しているプログラムを実行していけば、親自身が創造力にあふれ、画期的な方法で、子供たちを育てていけると考えていたからです。

しかしそのうちに、私の考えはあまりにも単純すぎたことに気がつきました。子育てを始めたばかりの親たちは忙しく、創造力を回復するのに良い時期だとは言えません。それに子供の年齢によっても、創造力を育んでいく方法も異なります。

そんな中、私の娘のドミニカが母親としての旅を始めたことが、この本を書く大きなきっかけとなりました。ドミニカの子育てに役立つ実用的な方法の数々を教えてあげたいと思ったからです。それは、私の創造力あふれる両親から受け継いだものでした。


私の両親は、私を含む7人の子供を育てていました。私たちは遊び心のある両親のもと、それぞれの才能をすくすくと伸ばしていきました。

リビングには子供たちの作品を飾る壁が用意され、私たちは季節ごとにテーマを決めて創作活動をしました。

ハロウィンにはお化けと妖精、クリスマスには雪の結晶、それからバレンタインのカードやイースターエッグもみんなで一緒に作りました。

母は何かに夢中になっている私たちを、時には手伝い、いつだってワクワクしながら見守っていてくれました。父も私たちの作品を見ては驚き、喜んでいたのを覚えています。

そんな家庭で育った私たち子供の間に、競争はありませんでした。両親は、子供たちそれぞれが持っている個性や才能を思い切り楽しめるように、励ましてくれていたのです。

両親は、「自分の才能を生かして生計を立てていくのは難しい」と社会では当たり前とされていることを、私たち子供に伝えることは一度もありませんでした。創造力を使って何かを作るのは価値のあることだと考えていたのです。私たち子供が夢を語る時、決して、「うまくいかなかった時のために、他の道も考えておいた方が良い」とは言いませんでした。そのかわりに、「好きなことをして生計を立てていくことは必ず出来るから続けなさい」と教えてくれたのです。

こうして振り返ってみると、両親は、常識にはとらわれない考え方で、私たち子供の創造力を育んでくれていたことに気がつきます。

大人になった今では、それぞれがみんな、作家、画家、音楽家など、自分の才能を生かして生計を立てています。このように創造力を生かした仕事が出来ているのは、両親の献身的なサポートがあったからこそです。本書の基本となるアイディアもここから生まれました。

私たち親は、子供たちの体だけではなく、心も大切に育んでいかなければいけません。そのためには、自分の創造力も育んでいく必要があるのです。

本書は、子供たちだけではなく親もサポートし、創造力あふれる人生へと導いてくれるアイディアが詰まっています。

そして、創造力あふれる子育てをするために、何度も読み返すことの出来る普遍的な内容となっています。

０歳から12歳までの子供を持つ親を対象としていて、12章それぞれに創造力を育むエクササイズが組み込まれています。それらは、「元々、全ての人に創造力があり、豊かな存在である」ことを思い出させてくれます。

子供の創造力を育てるのに、早すぎたり遅すぎたりすることはありません。本書を実践していくことで、あなたは子供とワクワクするような発見を次々としていくことでしょう。

モーニングページ

本書では、創造力の回復や発見の土台となる基本的なツールとして、モーニングページを使います。

モーニングページとは、毎日の思いやいらだち、文句などを思い切りぶちまけるためのノートです。

間違ったやり方はありません。うまく書こうとする必要もありません。どんなことでも良いので、朝起きたら手書きで3ページ書いてください。それが終わったら手を止め、誰にも見つからないところにしまってください。決して人に見せてはいけません。私の生徒の中には、シュレッダーにかけたり、燃やしたり、金庫に入れて鍵をかけたりする人もいます。

子育てをしていると、さまざまな感情がわいてきます。モーニングページはそれらを整理し、毎日を心身ともに健康的に過ごす手助けをしてくれます。日々のネガティブな思いを吸い上げて、心の中をすっきりさせ、楽しい気分を盛り上げてくれます。

モーニングページは、『芸術的』である必要はありません。もっと言えば、芸術的ではないものです。ただ、紙の上にペンを走らせることで、本来の自分に立ち返ることが出来ます。手書きというのも大切です。もちろん、パソコンで書いた方が速く書けるでしょう。しかし、モーニングページに速さは禁物です。

時速120キロ以上で、車を運転しているところをイメージしてみてください。

「しまった！　出口を通りすぎてしまった。あれってガソリンスタンドだったの⁉　コンビニにも寄りたかったのに気がつかなかった」

速く進みすぎると、色々なものを見逃してしまいます。では、もっとゆっくり車を運転しているところをイメージしてください。

「ガソリンスタンドが見えてきた。ひとまず給油しておこう。それから、ちょっとコンビニに寄って買うべきものを買っておこう。ああ、出口が見えてきた」

ゆっくり進むことで大事なものに気がつき、見落とすことがありません。

このように、モーニングページは、あなたが人生のどの辺りにいるかを正確に教えてくれるナビのようなものなのです。

「でも、私は子育てに忙しくて、充分に睡眠時間もとれないほどなのよ！」

そうあなたは言うかもしれません。あなたの気持ちは良く分かります。しかし、モーニングページを続けることで、思ってもみなかった時間とエネルギーを見つけられることを、私は約束します。

私がモーニングページを思いついたのはシングルマザーになってまもない頃です。その時は、娘のドミニカと、ニューメキシコ州の郊外にある日干しレンガの家に住んでいました。当時は映画の脚本家でした。脚本は売れても、肝心の映画は製作されない状況が続いていて、私は疲れはて、自信を失っていました。

離婚し、ひどく孤独を感じていて、毎日のように太陽がのぼる前に起きて、窓からタオス山脈をぼんやりと眺めていました。ふと机の上に目をやると、使っていないノートがあり、私は無意識のうちに自分の気持ちを書きなぐっていました。そこには、自分がどんなにみじめで、不満を抱えていて、悲しいか、あとからあとから愚痴ばかりが出てきました。これからどうしたら良いのかを、ノートに尋ねているような気分でした。こんなふうにしてモーニングページが生まれたのです。

ある日、私がいつものようにモーニングページに自分の気持ちを書いていると、ある考えが私の胸に飛びこんできました。そして、「脚本だけじゃなくて、小説を書いても良いんじゃない？」と語りかけてきたのです。モーニングページは私の創作へのジレンマを見つけ出し、解決策を教えてくれたのです。

それから毎朝、モーニングページを書き終えたあとに、小説を書き始めました。それだけではなく、八方ふさがりだと感じていた私に、さまざまなメッセージを届けてくれるようになりました。

小説を書き終える頃には、今住んでいる家が気に入っていないから、引っ越したいと思っていることも教えてくれました。そのインスピレーションを信じて、私はドミニカを連れてニューヨークに戻りました。

ある日、ドミニカとニューヨークのグリニッジビレッジを歩いていると、「教え始めなさい」と私の内側からはっきりと声が聞こえてきました。当時、私は人に教えたいなどと思ったことはありませんでした。私は恐くなって、古くからの友人であるレジーナに電話しました。

「あのね、レジーナ。私、人に教えていくべきなのかしら？」

「すぐに折り返すわ」

レジーナは、少し興奮したように言いました。それから15分後、レジーナから電話があり、

「おめでとう。あなたは今日から芸術科学校の先生よ。次の授業は木曜日だから覚えておいて

ね」と言われました。

こうして、私は人に教え始めることになったのです。そこで、モーニングページを書くことを生徒たちの毎日の課題にすると、彼らにも大きな効果をもたらすことを目のあたりにしました。

その後、私のワークショップを通じて、モーニングページが、忙しい親の手助けとなってくれることも発見したのです。

モーニングページは私たちの不満やいらだちを静かに聞き、子育てにおける孤独を和らげてくれるのです。

CONTENTS

子供はみんなアーティストだ。
問題は大人になっても、どうアーティストでいられるかである。

——パブロ・ピカソ

第1章　安心を育む

幸せな家庭は幸せな両親から作られます。しかし、多くの親は、子育てを通して孤独やストレスなどを抱えています。そういったさまざまな状況の中でも、創造力を使うことで生き生きとした本来の自分を取り戻し、幸せな家庭を作っていくことが出来るのです。

孤立をさける

親になることは、『今までの生活に新しいものを加えること』、『慣れ親しんだものを手放すこと』の両方を意味しています。

この大きな変化の中で孤独を感じるのは自然なことであり、うまく順応出来ていないからではありません。

子供と過ごす膨大な時間を前に圧倒されるかもしれませんが、私たちは決して無力ではなく、とても力強い存在なのです。

サンタフェでのワークショップに足を運んでくれる若い父親は、モーニングページをやり始めてすぐにたくさんの不満を抱えていることに気がつきました。

「恥ずかしいことなんだけど、自分でも信じられないくらい独身の友達をうらやましく思っているんだ。彼らのように、気ままに遊んだり夜ふかしをすることは出来なくなってしまったからね。この先、僕の人生が楽しくなるなんて想像出来ないな」

「友達が恋しいの？」

私は聞いてみました。彼は大きなため息をついて打ち明けてくれました。

「そうなんだ。僕だけが取り残されてしまった気分だよ。今までこれほど友達を必要としたことはなかったのに、こんなに彼らが遠く離れていってしまったように感じたこともなかったな」

独身の人たちは、子供を持つ私たちに恐れを抱きます。子育てに忙しい私たちを見て、連絡をしたくても出来ず、時によそよそしい態度になることもあります。

「あなたの新しい生活を、みんなにも知ってもらいましょうよ。どんなふうにすれば良いと思う?」と、私は彼に提案してみました。

「そうだな。昔は日曜日の午後に近所のスポーツバーに集まって、サッカー観戦をしていたんだよ。だから今度は僕の家にみんなを招待してみようかな」

1週間後、彼から連絡がありました。

「うちでパーティーを開いたよ。妻と交代で息子の面倒を見ながら、サッカー観戦をしたんだ。時々、息子は泣きさけぶこともあったけど、驚いたことにみんな全然気にしていなかったよ。息子に心を奪われて、抱っこさせてほしい、と頼んでくる友達までいたしね」

彼は明るい声で続けます。

「僕は友達を失ってなんかいない、ってことに気がついたよ。みんな、どうやって僕の新しい生活に関わっていけば良いか分からなかっただけなんだ。僕はただ誘ってあげれば良かったんだね」

その後、彼の家でのパーティーはみんなにとって大きな楽しみとなり、今までの友情を更に深めていくことが出来たのです。

親としての孤立には2種類あります。一つ目は友達と疎遠になること。そしてもう一つは本来の自分自身と離れていくことです。私は、娘のドミニカが1歳になる前に離婚し、タイプライターだけを持って引っ越しました。脚本家だった私は、空いた時間に執筆し、それ以外の時間は全てドミニカのために費やしました。

子育てと仕事だけの日々が続き、私は途方もない孤独を感じ始めていました。しかし母親として自分だけ楽しむのは良くないことだと思い、やりたいことを後回しにして、さらに子育てに熱心になっていったのです。

私は次第にいらだちと不満をつのらせていき、まるで鎖でつながれているような気分になっていきました。

そんな時、古くからの友人であるジュリーがアドバイスをくれたのです。

「ベビーシッターを雇って、一人で外に出てみなさいよ。まずは自分を大切にすることよ。あなたが楽しまないと、子供も楽しくないのよ」

私はジュリーの言葉に従い、ベビーシッターを雇って、母親になってから初めての休暇を取りました。

するとー人の時間を持つことでゆとりが出来、驚くほど気分が良くなりました。それまで知らなかったドミニカの興味や関心、個性などにも気がつくことが出来るようになり、子育てが辛いことではなく楽しみへと変わっていったのです。

多くの親にとって、外に出かけていくことはとても大切です。家から出なくなると、おりの中に入れられたような気分になり落ち込みやすくなってしまいます。

そして、子供との時間をもっと素晴らしいものにしなくてはいけない、とさらに頑張ることでそのように出来ない自分に対する罪悪感も増していってしまうのです。

EXERCISE:
一人で出かける

週に一度、新しいことを探しに一人で出かけてみて。

あなたが楽しめそうなことを3つあげて。

例えば、カフェでお茶をする。ガーデニングショップを訪れる。ネイルサロンで普段はしないような派手なマニキュアを塗ってもらう。とかね。

1. ______

2. ______

3. ______

私のようにベビーシッターを雇って、外出するのも良いわね。

一人で外へ出かけることでワクワクした本来の自分とつながることが出来るのよ。

安心の輪を作る

母親になった私は、孤独を感じていました。そのことを話すたびに、「子供といつだって一緒にいられるのに、なんで孤独を感じるの？」と言われ、私の悩みを分かってくれない友人たちに苛立ち、ますます孤独を覚えました。

そんな中で、母親になった私を受け入れ、変わらずに接してくれるジュリーのような人たちによって、私は以前のような明るさを取り戻していったのです。

私が必要としていたのは、正直に悩みを打ち明けられ、母親としてだけではなく、一人の人間として自分を見てくれる人たちで構成された、『安心の輪』を作ることなのだと、その時気がつきました。

専業主婦のサリーは、家族のためにいつも働いてくれている夫を思い、週末にはリラックスしてもらいたいと感じていました。しかしそれは子供の面倒を一人で見ることであり、自分一人の時間を失うことでもありました。

「私はボーリングチームのメンバーなの」

サリーは言います。

「チームメートは高校時代からの大好きな仲間たちで、毎週末の活動は私にとって最高の時間だったわ。でも、『子供が出来たからもうみんなとは遊べない』って言わなきゃいけないわね」

「ボーリング場に託児所はないの?」

私はサリーに聞いてみました。

「あるけど、ボーリングをしたいっていう理由だけで、娘のシャロンを預けるわけにはいかないもの」

「1度で良いから、試してみた方が良いと思うわ。気分がずっと軽くなるはずよ」

1週間後、サリーは目を輝かせて私のクラスを訪れました。

「娘のシャロンは託児所をとても気に入ったみたいで、また行きたいってせがんでいるわ。それに友達は私のことを快く受け入れてくれて、また一緒にボーリングが出来るようになったのよ」

サリーがこの興奮を夫にも話すと、「週末の数時間は僕がシャロンを見ているから、君は自分のためだけの時間を作るべきだよ。父親が子育てに参加するのは家族のみんなにとって大切なことだしね。なにより、君が幸せそうな姿を見るのが、僕にとってはこれ以上ないご褒美だよ」と言ってくれました。

サリーは新しく出来た時間を使って、仲間とボーリングをするだけではなく、たくさんの趣味や新しい友人を作ることが出来ました。それにより母親としての自分もより楽しめるようになっていったのです。

『安心の輪』はさまざまな立場や、状況を受け入れてくれる人たちで作られることが大切です。それは古くからの友人であったり、家族であったり、新しく出会う人たちであるかもしれません。

正直に悩みや気持ちを伝えられる人たちとの関係を大事にしてください。

ただ話を聞いてもらうだけでも、計り知れない力がわいてくるのを感じることでしょう。

Homemade Fig Jam

安心の輪を作る

一緒にいて、ありのままの自分でいられる人を3人あげてみて。

1. ______________________________

2. ______________________________

3. ______________________________

その中の一人にほんの少しの時間で良いから、毎日電話をかけてみて。お互いの状況を知ったり、気持ちを伝え合ったりすることで、心が軽くなって元気が出てくるはずよ。

自分のための時間を持つ

子供を持つと、生活は自分だけのものではなくなります。そのため、「時間が全くない！」と親になったばかりの人たちは言います。

やりたいことを押しのけて、「もっと大切なことがあるんだ」と自分に言い聞かせ、子供の要求に応え続けます。

「僕は本を読むのが大好きなんだ」

編集者のトッドは言います。

「子供が生まれる前は、週に1冊か2冊は読んでいたよ。それぞれの作家の言葉の選び方を分析することはとても楽しいし、自分の中にある創造力が刺激されるんだ」

しかし、二児の父親となったトッドは本を読む時間がないことを嘆きます。

「ここ最近は、1冊も本を読んでないよ。机の上に積まれた本を見るたびに、『もう本を読む時間はないんだ』と痛感するよ」

やりたいことをする時間はない、と決めつけてしまうのは賢明ではありません。

子供のためにはならないから、と好きなことをしないでいると、心のバランスを失い怒りに変わっていきます。その姿を見た子供は、同じように怒りっぽくなっていってしまいます。

「以前のように本を読んでみたらどうかしら？　今、どの本を読みたいと思ってる？」

私はトッドに聞いてみました。

「モビーディックだよ」

彼はためらいがちに話し始めました。

「でも、もう何度も読んだ本をまた読むだなんて時間の無駄だよ。やらなければいけないことはいくらでもあるし、子供たちは僕を必要としているんだ」

「モビーディックのどういうところが気に入っているの？」

私はしつこく尋ねます。

「読むたびに新しい発見があるんだ。内容が自分の生活に当てはまることもあるしね」

「素晴らしいわ。毎日15分間、本を読む時間を見つけるべきよ」

トッドはしぶしぶ、本を読む時間を見つけることを約束してくれました。

1週間後、電話ごしにトッドの明るい声が聞こえてきました。

「毎日どんなに忙しくても、本を読むための15分間を作ることは出来るんだね」

トッドは続けます。

「食器洗いや仕事の合間にモビーディックを手に取ってみたんだ。初めは、罪悪感を感じてあんまり集中して読めなかったよ。だけど、そのうちにものの2、3分で本に没頭するようになっていったんだ。続きを読むのが楽しみで待ちきれなくなっていったよ」

トッドの声はだんだんと弾んでいきます。

「驚いたのは、僕が本を読んでいても家族の誰も文句を言わなかったことだよ。それどころか、息子たちはモビーディックの内容を知りたがったよ。それで息子たちに読み聞かせてあげたら、『パパ、この本すごく面白いね』って言ってくれたんだ。自分のことを素晴らしい父親だと思えた瞬間だったよ」

そう言うトッドの声は、少し震えていました。

自分のための時間を持つことは、子供たちにとっても素敵な贈りものとなります。たとえ15分間だけでも、毎日自分のための時間を持つことで、私たちの不安は和らぎ、明るい気分が戻ってきます。

私たちが幸せを感じながら好きなことに没頭する姿を見て、子供たちも自分を大切にすることを学んでいけるのです。

私たちは平均して、一人約２００から３００時間分の、『やることリスト』を常に抱えていると言われています。

子供が昼寝をし始めると、私たちはあわてて食器を洗い、メールに目を通して、それから仕事の電話をします。

山のようにある、『やることリスト』は、決して終わることがないのに、先の見えないゴールを目指して私たちは走り続けます。

しかし、日々の小さな取り組みでバランスを取り戻すことが出来ます。忙しい中でも、自分のやりたいことをやることで逆に生産的になり、子育てもうまくいくようになるのです。

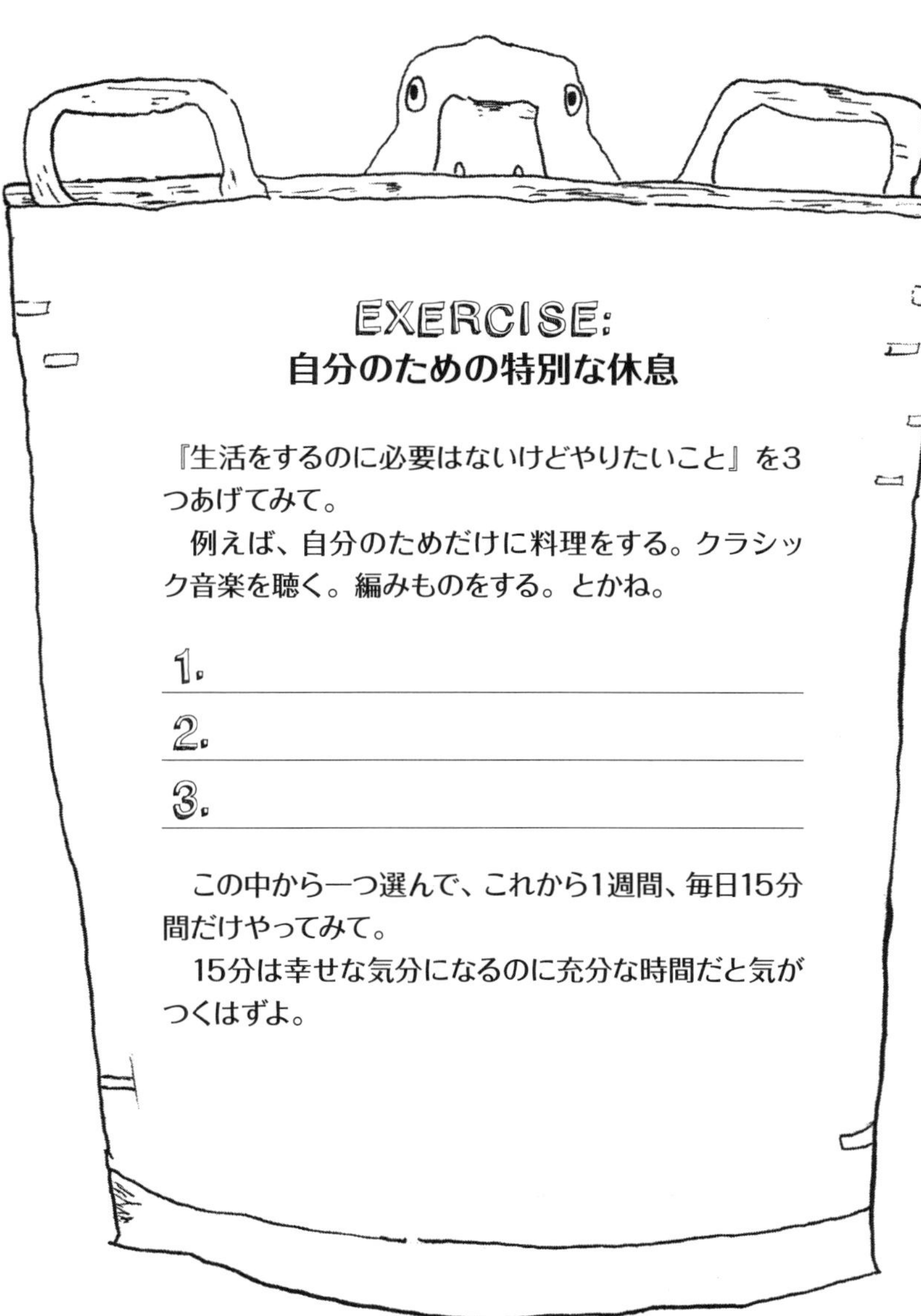

EXERCISE:
自分のための特別な休息

『生活をするのに必要はないけどやりたいこと』を3つあげてみて。

例えば、自分のためだけに料理をする。クラシック音楽を聴く。編みものをする。とかね。

1.

2.

3.

この中から一つ選んで、これから1週間、毎日15分間だけやってみて。

15分は幸せな気分になるのに充分な時間だと気がつくはずよ。

昔の自分とつながる

私たちは親になることで、今までの自分がまるで遠い過去のように感じます。しかし、子育てをしながらでも、本来の自分を取り戻していくことが出来ます。

フィットネスインストラクターのステファニーは、最近一人目の子供を生みました。

「娘のアメリアを愛しているわ。でも私は、以前のような引き締まった体ではなくなってきていて、これからどうなっていくのかとても恐いの」

ステファニーは、スポーツ科学に基づいた、健康的な体型の作り方を広めることに熱心でした。子供を授かると、妊娠中でも出来る運動を実践し、ブログを通して多くの母親に伝えていきました。そして心身ともに健康な状態で娘のアメリアを生むことが出来ました。

しかし子供が生まれると、ステファニーは自分の体の変化を恐れるようになっていきました。

「とても疲れやすくなってしまったわ。それに睡眠を充分取れない分、たくさん食べて太ってきてしまっているの」

子育てによって毎日の運動が出来ず、体とともにステファニーの心の葛藤はふくらんでいきました。

私たちは親になることで、喜びを得ると同時に、ある種の自由を失います。何を手放し、何を手放すことが出来ないのか、自分自身に正直に尋ねることで本当に大切なものを発見していくのです。

娘のアメリアが生後6ヶ月になる頃、ステファニーはある決断をしました。

「もう一度、運動をすることにしたの。それは私にとって仕事であり、喜びであり、力の源でもあるから。最近はアメリアを乗せて、ジョギング用ベビーカーを押しながら走っているの。家ではアメリアが昼寝をしている時に、その横でストレッチをしているわ。クラスの生徒たちに教えたように、私自身が実践することにしたのよ」

ステファニーは運動を再開すると、たちまち体への不安は消えていきました。

「クラスで教えていたことを私自身が一から学び直して、以前の体とともに自分自身も取り戻すことが出来たわ。私は運動することでリラックスして気分も明るくなるの。そうでないと、とたんにふさぎ込んでしまうのよ。娘のためにも明るくいたいわ」

ステファニーは笑いました。

以前の自分を取り戻すことはもう出来ないとあなたは感じているかもしれません。

しかし、あなたの望みに向かって小さな一歩が踏み出されると、弾みがついて、だんだんと明るい自分を取り戻していくことが出来るのです。

私のクラスの生徒であり、ブロードウェイの舞台女優であるノラは、親になることで生活の大きな変化を経験しました。

「妊娠して、子育てしやすい環境に引っ越したの」

ノラは振り返ります。

「新しい町での生活は、ワクワクすると同時に不安でもあったの。仕事から離れ、もうすぐ子供が生まれると思うと焦りを感じたわ。舞台女優である自分を誇りに思っていたし大好きだったけど、もう戻ることは出来ないんじゃないかってね」

見知らぬ町で子供を生み、突然おそってくる不安と戦いながら、ノラはほとんどの時間を家で過ごしていました。

「ブロードウェイからこんなに離れたところにいるけど、女優をやめたいと思ったことは一度もないの」

ノラの仕事に対する情熱は決して消えてはいませんでした。私がノラに、「舞台女優をやめる必要はないわ。それに家族と離れることもね。二つを両立する方法がきっとあるはずよ。今は、舞台をこなす準備は出来ていないかもしれないけど、他の方法を見つけましょうよ」と言いました。

するとノラは、秘密を打ち明けるように教えてくれました。

「実は、一人芝居の脚本を書いてみようと思ったことがあるの。でも、今まで書いたことはないし、女優しかやってこなかったから出来るかどうか分からないわ」

ノラの話を聞いて、私はとたんにワクワクして、「それなら、書いてみるべきだわ」と言いました。私の経験からすると、何かを書きたいのに書いていない人ほど、書くべきことがたくさんあるのです。

「私に書けるかしら？」

「もちろんよ。今あなたがすべきことは一行でも良いから、とにかく書いてみること。書き直すのはいつだって出来るわ。ページの上にペンを走らせて、あなたが書きたいことを書けば良いのよ」

1週間後、再び私のクラスを訪れたノラは興奮していました。

「私、脚本を書いているのよ！　息子が寝ている間だけしか時間はないのに、もう10ページも出来たのよ」

ノラは続けます。

「こんなに書きたいことがあったなんて驚いているわ。まるで、新しい自分に出会ったような気分！」

それから3年後、ノラは子育てをしながら、再びニューヨークの舞台に立ち、ついに一人芝居のツアーを成功させました。

たとえ一日数分間であっても、自分の夢に向かって費やされた時間は、彼女に幸せを運んでくれたのです。

生活に大きな変化が訪れる時、私たちは自分自身にやさしくしてあげる必要があります。親になることは自分を失うことではありません。それは今までの自分に新しい自分を加え、より成長した人間になることなのです。

子供が生まれてから、アンはモデルの仕事が出来なくなりました。

「自分を失ったように感じるの。だって10年間やってきたことが突然なくなってしまったんだから」

それからアンは、シカゴの郊外にモデルのクラスを開きました。そこで、10代の女の子たちに立ち方や歩き方、そしてお化粧の仕方などを教えました。外見を意識し、内面も磨いていく生徒たちを見て、アンは大きな喜びを覚えました。

「本当のところ、モデルの仕事をしている頃は、『こんなものは見せかけの美しさだわ』って思うこともあったの。だけど、生徒たちが熱心に学び自信をつけていく姿を見て、私がやってきたことはとても価値のあることだったんだって気がついたの」

20年経った今でも、アンは多くの生徒たちに、『外見と内面の美しさ』を教え、モデルのエージェントも始めました。

人は多面的な存在です。しかし、親という大きな役割を担うことで、あなたにその他の面があることを、人は考えもしなくなります。

サリーの例のように、ありのままの自分を受け入れてくれる、『安心の輪』や、ステファニーやトッドのように夢中になれることとの関わり合いは、自分が誰なのかを忘れないためにも、とても大切なことなのです。

目的地を決めずに散歩する

目的地を決めずに歩くことで、ごちゃごちゃしていた頭の中がすっきりするのよ。親という新しく加わった役割や今までの自分を整理して考えられるようになるわ。

自然にふれ合い、景色や音を味わってみるのもいいわね。家に帰ったあと、何か気がついたことがあればノートに書いてみて。あとで見直すことできっと新しい発見があるはずよ。

MILK

第2章 好奇心を育む

子供たちはいつだって好奇心でウズウズしています。彼らが夢中になっていることを大切にし、そのユニークな視点をほめてあげてください。そして、親も一緒になってワクワクしてください。子供にとって、親自身が楽しむことほど素敵なプレゼントは他にないのです。

真剣に遊ぶ

私は大人たちに真剣に遊ぶことをすすめています。子供の頃の好奇心を取り戻すことで、より幸せに、生産的になれるからです。

創造力を思う存分使っていた子供の頃を思い出すのは、とても大切なことです。子供たちが大人になった時、同じように教えてあげることも出来るでしょう。

テクノロジーが発達し社会がより忙しくなる中で、たくさんの人々がプレッシャーを感じています。こんな時代だからこそ、子供たちの好奇心を守っていくことが、私たち親に出来ることなのです。

私が子供の頃、家にはいつだって心地よい音楽が流れていました。

我が家にはピアノが2台あり、リビングにあるのは、『ちゃんとした演奏』のためのピアノ。遊び部屋にあるのは、『めちゃくちゃな演奏』のためのピアノで、ふざけて遊ぶためのピアノでした。私たち兄妹は、『めちゃくちゃな演奏』のためのピアノが特に好きで良く弾いていました。

私たちが音楽と戯れるところを、母はとても楽しそうに見ていました。母が微笑みながら、「『清しこの夜』を弾いて頂けるかしら」と言うと、私たちは弾いてみせましたし、「では、『きらきら星』をお願いするわ」と言うと、喜んで奏でました。私たち兄妹は耳で覚えたメロディーを演奏したり、ピアノの上に並んで座ったりしました。

私たちが幸せそうに新しい曲を弾くと、「お父さんにも聴かせてあげるべきだわ！」と母は目を輝かせました。

鍵盤の上で素敵なメロディーを見つけた時のスリルと、それを見ていた母の興奮した顔を、私は忘れることはありません。何十年経った今でも、あの頃の好奇心を持ち続けています。大人になって、作曲することは私の日課となり、これまでに何百もの曲をかくことが出来ました。

子供が思い切り遊ぶのを許される時、同時に失敗も許されます。

「失敗を恐れるな。本当はそんなものないのだから」とジャズトランペット奏者のマイルス・デイビスは言いました。上手く出来るかなど気にせずに遊ぶことは、子供たちにとっては自然なことなのです。

真剣に遊ぶということは、楽しさに身を任せること。ふざけても、失敗しても、とにかく楽しければ良いのです。一所懸命に色々なことにチャレンジすることが重要なのです。

「娘は今3歳で、空想にふけるのが好きなんだ。娘の部屋の外から耳をそばだてていると、どんな、『素敵な旅』に出かけているのかわかるのさ」

デイビッドは言います。

「この間は娘が人形に向かって物語を語りかけながら、ベッドの上ですすり泣いていたんだ。物語が終わると、娘は涙をふいていたよ。そうっと見ていた僕は、娘の物語の独創性に心を打たれて、彼女のこの特別な能力を守っていこうと決めたんだ」

子供の好奇心を守ることほど大切なことはありません。

誰にもじゃまされることなく、安心しながら新しいことをして良いんだとわかると、子供たちは自分で考える力を自然に身につけていくのです。

遊ぶことは年齢に関係なく大切です。遊ぶことで、効率的になっていくからです。

「遊ぶと効率的に？　そんなことあるわけないわ、ジュリア」

私のクラスの生徒は反論します。

「ご飯を作ったり、子供をお風呂に入れたり、寝かしつけたり、ただでさえ時間が足りないのよ」

十分な時間がないと感じていても、遊びに時間を割くのはとても大切なことです。ほんの少しの時間で良いのです。

遊びに没頭する時、あなたは自分でも気がついていなかった、内なる好奇心と安心感につながり、本当のあなたらしさを発見することが出来るのです。

ジルは以前、弁護士だったのですが、息子が生まれてからは専業主婦になりました。

「弁護士をやめてから、貯金もあって働く必要はなかったし、ずっと家にいたの。いつだって息子といられるし、その当時は、きっと素敵な母親になれると思っていたのよ」

しかし、かかりっきりで息子のことを見ていたジルは、しだいにフラストレーションが溜まっていきました。

離婚後、彼女は自分自身の楽しみさえも削り、彼女のエネルギーはよりいっそう、子供に注がれました。子育ては彼女にとって、もはや仕事同然となっていました。子供のテストの点数が良くても十分ではないと感じ、もっと良い点をとれるはずだ、と思うようになりました。

「子供をちゃんと遊ばせてる？」と私がジルに尋ねると、「ええ、バイオリンとサッカーを習わせているわ」と彼女は答えました。

「週に3回、有名なコーチのもと、テニスの練習にも行かせているの」

これは私が求めていた答えではありませんでした。

ジルの息子は名門のサッカーチームに所属していましたが、サッカーに対する情熱はないようでした。それに、テニスの練習にもとぼとぼと参加し、バイオリンだってジルの厳しい目にびくびくしながら演奏していました。

ジルの息子は幸せだったのでしょうか？　実のところ、12歳になった頃、彼は人と上手くやっていけなくなっていました。そこで、ジルは精神科の先生を雇ってみたのですが、めぼしい効果は起こりませんでした。

「自由に遊ぶ時間を与えてみるのはどうかしら？　ほんの少しの間で良いのよ」

私はジルに提案しました。

「どうやって？　それに何が変わるっていうの？　私たちは今年２回もフランスに旅行で訪れているのよ。これ以上どうしろっていうの？」

ジルはばかばかしいとでもいうように反論しました。

「いいえ、そんなにお金をかけなくて良いのよ」

私はやさしく言いました。

「何もしないでくつろぐのも良いし、子供の好きなようにさせる時間を与えてあげるの。何か新しいことを子供自身が見つける時間よ。１時間だけでも良いのよ」

そう言うとジルは睨み、私はいたたまれなくなりましたが、それでも私は続けました。

「あなたたち親子は少しの間でも良いから遊ぶ時間が必要なのよ。部屋をそれぞれ分けてみてはどうかしら？　一度だけで良いから、騙されたと思ってやってみてほしいの」

ジルはしぶしぶ承諾しました。それから、私が提案したことを息子にも伝えました。彼は疑うように目を細めました。

「なんでそんなことするのさ？　目的は何なの？　僕を監視するつもり？」

「監視したりしないわ。私は自分の部屋でくつろぐから」

ジルは約束しました。

「あり得ないね。母さんがくつろぐはずないだろ」

「そうね」

ジルは認めると、「でも出来る限りやってみるわ。あなたもきっと出来るはずよ。1時間後、二人がどうなるか見てみましょうよ」と言いました。

「宿題もしなくて良いの？」

「しなくて良いわ。好きなように過ごせば良いのよ」

ジルは自分の部屋に行くと、何年も読んでいなかったお気に入りの本をひっぱりだしました。

その間、ジルの息子は部屋に入ると、自分自身に問いかけました。

「やりたいことをなんでもやって良いだって？　うそだろ？　本当に良いの？」

彼は内側から冒険のスリルがあふれ出そうになっているのを感じました。

ジルの息子は部屋を見回すと、おもちゃのロボットのコレクションがあるのに気がつきました。両親が離婚する前、6歳の誕生日に買ってもらったものです。彼はロボットを全部引っぱりだすと、両親の仲が良かった頃のことを懐かしみながら遊び始めました。それからおもむろにノートと鉛筆を取り出すと何か書き始めました。

ジルはというと、時計の針があまりにも早く進むことに驚いていました。本から目をあげると、なんと1時間と15分も経っていたのです。彼女は、時間を忘れるくらい没頭していました。

ジルはそうっと息子の部屋まで行くと、中を覗いてみました。彼はジルのことなど全く気がつかずに、眉間にしわをよせてノートに何かを懸命に書いていました。彼女はその光景に息を飲み、キッチンへ行くと夕食の準備に取りかかりました。

ジルはのちに、この日起こったことを教えてくれました。

「信じられないわ！　本当にすごいことが起こったの。夕食の時、息子は、自分が書いたボストンに住む男の子のお話を聞かせてくれたの。息子自身のことと重なり合うところがたくさんあって、離婚のことで息子がひどく心を痛めていることに気がついたわ。それで物語を聞きながら私は泣いてしまったの。あの夜、私たちは長いこと本当に色んなことを話したのよ」

ジルと息子は、今ではほとんど毎日のように、『自由な時間』を持つことを日課としています。ジルは成績や習い事のことではなく、子供の個性を大切に見守るようになりました。

「子供は一人でに多くのことを学んでいけるのね」

ジルは恥ずかしそうに言うと、こう続けました。

「私はなんでも答えられないといけないと思っていたけど、そんな必要ないのね」

遊ぶことは、全ての人にとって大切です。ただ遊んでいるだけでは不十分です。思いきり、そして真剣に遊ぶのです。年齢は関係ありません。わずかな時間で構いません。自由でのびのびと、そして真剣に遊ぶという経験が必要なのです。

私たちは余計なアドバイスをしたり、結果を出すことにプレッシャーをかけたりせずに子供を見守りましょう。

必要なのは子供の創造力を惜しみなくほめること。そして心から励ますことです。

そうすれば、子供は人生のあらゆる場面で、失敗を恐れずにチャレンジしていけるようになります。

その成果は自信につながり、独自の考えが持てる大人へと成長していきます。そして遊び心を持って軽やかに歩んでいくでしょう。難しい状況に直面した時、『遊び』はとても役立ちます。

真剣に遊ぶことで、子供はもちろん親も、より幸せで実りの多い人生を送ることが出来ます。真剣に遊ぶことは全ての人にとって大切なのです。

EXERCISE: 子供の頃の遊びを思い出す

もしあなたが、子供の遊び方に口出しをしたくなっているとしたら、あなた自身がもっと遊びたいと思っているのかもしれないわ。

子供の頃に、あなたが大好きだった遊びを3つあげてみて。それをやっている時、どんな気分になった？　自由や安心感を感じていたかしら？

例えば私の場合、両親の前で自分で作った物語を演じた時、とても爽快な気分になったわ。

それじゃあ、次の空欄を3回埋めてみて。

子供の頃、＿＿＿＿＿＿＿＿＿＿＿＿＿＿＿＿＿＿していた時、私は

＿＿＿＿＿＿＿＿＿＿＿＿＿＿＿＿＿＿＿＿＿＿だと感じた。子供には

＿＿＿＿＿＿＿＿＿＿＿＿＿をさせてあげることで、この経験を分かち合う。

子供の頃、＿＿＿＿＿＿＿＿＿＿＿＿＿＿＿＿＿＿していた時、私は

＿＿＿＿＿＿＿＿＿＿＿＿＿＿＿＿＿＿＿＿＿＿だと感じた。子供には

＿＿＿＿＿＿＿＿＿＿＿＿＿をさせてあげることで、この経験を分かち合う。

子供の頃、＿＿＿＿＿＿＿＿＿＿＿＿＿＿＿＿＿＿していた時、私は

＿＿＿＿＿＿＿＿＿＿＿＿＿＿＿＿＿＿＿＿＿＿だと感じた。子供には

＿＿＿＿＿＿＿＿＿＿＿＿＿をさせてあげることで、この経験を分かち合う。

あるがままにさせてあげることで、子供だけではなく、あなた自身も自由になれるのよ。

原材料を用意する

私が子供の頃、家にはたくさんの遊び道具がありました。私たち兄妹は積み木やレゴ、粘土、クレヨン、アクリル絵の具を使って遊びました。これらのものは、そんなにお金をかけなくても簡単に手に入れられます。

私たち兄妹は、塗り絵や白い紙に自由に絵を描きました。母は私たちに、「今日は馬を描いてみましょうよ」とか、「子猫を描いてみてはどうかしら?」と提案することがありました。私たち兄妹はそれぞれが選んだ道具を使って提案されたものを描き上げました。

私たちの遊び部屋はフローリングだったので、片づけるのも簡単でした。時々、私たちの傑作を見た母が感動しながら、「飾りましょうよ!」とさけびました。そして、それらを壁に飾りつけると、父は感心して眺めていました。

自分たちの絵を額縁に入れて飾り立てるのは、とてもワクワクしました。私が描いたクリーム色の馬を、両親が飾ってくれた時の誇らしげな気持ちは、今でもはっきりと覚えています。

創造することは、何もないところから何かを作ることです。誰もが持っている力ですが、特に子供はこの力を発揮します。

子供は遊び心にあふれていて、いつでも自分の目の前にある材料で遊び始めます。何もなくても、それこそ棒きれと土だけでも遊び始めます。ポット、フライパン、スプーンなどはたちまち素敵な遊び道具に姿を変えることでしょう。

三児の母のリンダは言います。

「使い道が一つしかないおもちゃは選ばないようにしているの。遊び方が何通りあるかで、そのおもちゃで遊ぶ回数が決まってしまうの。だから一番良いのは何通りでも遊べるおもちゃよ。積み木は最高のおもちゃだと思うわ」

もし、子供に好きなだけおもちゃを買い与えていたら、たちまち家がものだらけになってしまいます。そういった、すぐに価値のなくなってしまうおもちゃで遊ぶより、簡単な材料を使って何度でも遊べることを学ばせると、子供たちの創造力はどんどん広がりを見せます。

最もパワーのある原材料は白い紙です。一枚の白い紙は、絵にもなるし、詩も書けるし、ボートや魔法のじゅうたんにもなり、可能性は無限大です。完成した作品には、温かい注目を向けましょう。子供は自分の作品を見てもらうことで励まされます。

親がいるのを忘れてしまうくらい没頭している時こそ、子供たちの創造力が育っている時なのです。

子供は成長出来る空間が与えられると、その空間を満たすようにどんどん成長します。子供はどんどん成長したがり、どんなアイディアでも取り込もうとします。

「4歳になる娘のサディに掃除機のホースを渡すと、時間を忘れるほど夢中になるんだ」

作家のロナルドは言います。

「ホースだけで色んな遊びを思いつく娘には本当に驚かされるよ。僕が小説を書いている時、ノートをちぎって渡してやると娘も物語を書き始めるんだ。そんな時、子供っていうのは創造力そのものなんだなって思うよ」

追求して世界をどんどん広げたいと思うのは、人間の本質的な欲求です。それを手伝う原材料を手渡すことは、成長を励まし、可能性を広げます。子供に与えることの出来る最高の原材料は、その子ならではの個性を最も輝かせることが出来るもののことです。

マーサの6歳の誕生日パーティーには、たくさんの子供たちが出席しました。マーサはお返し用の花を買うかわりに、茶色い紙袋をみんなに手渡しました。テーブルについたみんなは、その中身を見てみると、小さな糸巻き機と毛糸しか入っていないことに気がつきました。マーサはこれらを使ってブレスレットの作り方をみんなに見せてあげました。そして、みんながブレスレットを作っている間、困っている子がいたら手伝ってあげました。

パーティーが終わる頃には、それぞれ自分で作ったブレスレットを誇らしげに見せ合っていました。

何年経ってもみんな、パーティーでの魔法のような時間を覚えています。

「たくさんのブレスレットを作ったのよ」と、エイミーは言います。

「何かを作り出す時の気持ちってまさに魔法みたいよね。今までに行ったどの誕生日パーティーより素敵だったわ。家に帰るとみんなにブレスレットを自慢したの。私が作ったんだぞってね。妹には作り方まで教えてやったのよ」

Homemade Fig Jam

EXERCISE:

何もないところから作る

家にあるものを3つ書き出してみて。よく使うものかしら？　それとも全然使ってないもの？　単純なものほど理想的よ。もちろん高価なものじゃなくて良いのよ。

1. ______________________

2. ______________________

3. ______________________

親子それぞれ、どんなものが作れるかしら。きっと驚くような素敵なものになるはずよ。どんなものが出来上がっても、必ず子供をほめてあげてね。

干渉しない

子育ては庭の手入れによく似ています。まず種をまき、水やりをし、そして草木が花を咲かせます。すると、あなたは別の種をまき、再び水やりに取りかかります。もし最初に植えた種が芽を出すまで、ひたすらじっと見ていたら、あなたはくたびれてしまうでしょう。種だってきっとくたびれてしまいます。

同じことが子育てにも言えます。いつでもゲームやおもちゃを買い与え、遊び方にすら口出しをしていたら、子供たちはうんざりしてしまいます。あなたの提案を受け入れるかどうかはあくまでも子供たちが決めることなのです。何かを提案したら、そっとその場を立ち去り、自分の世界にひたらせてあげましょう。遊び方に間違いなどないのですから。

「息子が生まれてから俺は親父みたいな奴になっちまってたんだ」

エンジニアのジェイクは言いました。

「俺の親父は横柄な人間で、絶対に親父みたいにはならないと誓っていたよ。でも自分が父親になってみたら、親父そっくりになっちまっていたよ。息子がパズルで遊んでいる時、俺は手伝おうと全部解いてあげたんだ。そしたら、息子は怒りだしちゃってね。完璧主義はエンジニアには向いているけど、子育てにはかえって良くなかったのさ。だって、息子が遊んでいる時でさえ、俺は間違いを正そうとしていたんだから。それこそが親の仕事だと思っていたしね」

息子はジェイクを毛嫌いするようになっていきました。3歳になった頃、一緒にパズルで遊ぼうとすると、かんしゃくを起こすようになりました。6歳になると、ジェイクのことを、『いつも不機嫌で、僕に指図する人』と思うようになりました。

「俺には、今までの自分を振り返る時間が必要だった。ずっと親父のことを嫌っていたし、18歳の頃には親父とは事実上、縁を切っていたよ。ああ、俺はもっとうまくやれると思っていたのに」

「ジェイク、あなたのお父さんには何をしてほしかったの?」

私は尋ねました。

「ただ、ありのままの自分を受け入れてほしかったんだ。そのままで十分素晴らしいと思ってもらいたかった。親父が俺のかわりになんでもかんでもやってしまうと、一人では何も出来ないんだって思うようになったよ」

「じゃあ、子供のやっていることを手伝おうとせずに見守ってみてあげて。そうすれば、ありのままの自分を認められていると子供は感じるはずよ」

ジェイクはしぶしぶ、やってみるよ、とうなずきました。

数週間後、ジェイクから連絡がありました。

「心の声が、『息子が困っているぞ、手伝ってやらなくちゃ』って急き立ててくるんだ。その気持ちをなだめるのは一苦労さ。初めは、何度も手伝ってしまっていたよ。そんなある日、息子の怒りが爆発したんだ。息子は飛行機のプラモデルを作っていたんだけど、組み立て方を間違えていたんだ。俺がやり直してプラモデルを完成させてみせると、息子は目に涙をため、顔をまっ赤にして怒ったんだ。『僕のものはいつもお父さんに奪われるんだ！　一人では何もやらせてくれない。なんて意地悪なんだ！』って」

ジェイクは続けます。

「そんな息子を見るのは初めてだったし、驚いてあとずさりしたよ。でも、息子の言っていることは正しいということにも気がついたんだ。俺は息子になんでもしてあげていたけど、息子の気持ちなんて何も考えていなかった。それに加えて、息子のやることを全てコントロールしなくちゃ、って思っていたよ。本当はただほめてあげさえすれば良かったんだな。それからは、息子が宿題をしている時には、問題を解いてあげるかわりに、良く出来ているところをほめ、『お前のことを誇りに思うよ』って伝えるようにしたんだ。今までの自分からすると、なんだか突拍子もないことをしているように感じたんだけど、その効果には本当に驚いているよ。息子は、どんどん自分一人でなんでも出来るようになっていったんだ。俺は、息子のやること全てをコントロールなんて出来ないし、すべきじゃないってことに気がついたよ。でも、やり方を変えれば、状況を良くしていくことが出来るってこともわかった。少しずつ息子との距離が縮まってきているよ」

ジェイクにとって、『子供の支配権』を手放すことは、まるで人格を失ったように感じたことでしょう。しかし、私の目には、ジェイクが信じられないくらい前進しているように映りました。

子供が小さくて目の離せない年齢でも、遊ぶ場所を作ってあげることは出来ます。

リンダがまだ小さかった頃、キッチンの棚にはおもちゃがいつも置いてありました。

「よくキッチンの床に座って、おもちゃに夢中になっていたの。母は夕食の準備をしている間、私のこともちゃんと見てくれていたのよね」

リンダは自分が母親の立場になると、同じようにキッチンの棚におもちゃを置きました。

「お互いじゃまをせずに一緒にいることが出来るのよ。安心だし、効率的よね」

親は子供にとって一人の人間であると同時に、一つの場所のようなものです。子供たちはそこで、確実に安心出来るのです。

子供は常に親の存在に気づいています。親の注目が子供に向いている時も、気づいています。子供に湧いてくるアイディアを親が信頼していることを、感じ取っているのです。

子供は親からの信頼を感じることで、自分自身を信頼することを学んでいきます。自分自身を信頼すると、さらに新しいアイディアや満足感、達成感をもたらす創造の世界へ突き進んで行くことが出来ます。

自由に遊ぶことを許されて育った子供は、発想力豊かな大人に育ちます。遊ぶことを阻まれてきた子供は、自分の考えに疑いを持つ大人になっていきます。

大人になってから、自分に対する自信を取り戻すことはとても険しい道のりです。それを避けるためにも、私たち親に出来ることは、『そばにいるけれど、近すぎない』距離を保ちながら、子供の成長を見守ってあげることなのです。

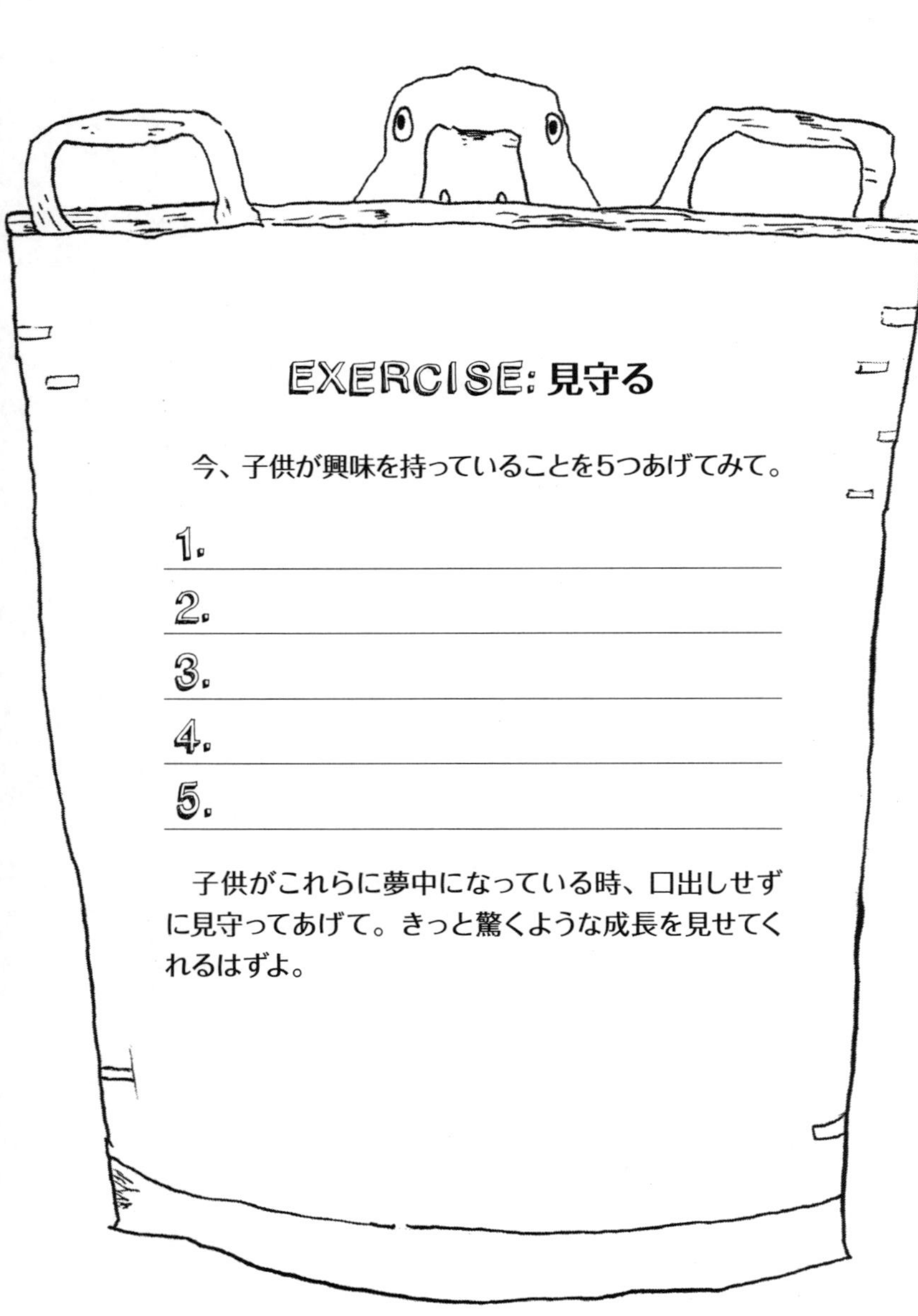

EXERCISE: 見守る

今、子供が興味を持っていることを5つあげてみて。

1.

2.

3.

4.

5.

子供がこれらに夢中になっている時、口出しせずに見守ってあげて。きっと驚くような成長を見せてくれるはずよ。

じゃまをしない

哲学者、ゲーテはこう言いました。

「あなたが出来ると信じることは何でもやってみなさい。行動は魔法、優雅さ、そしてとてつもない力を秘めているのだから」

私たちは本来、創造力にあふれているはずなのですが、大人になるにつれ、自然体の自分を見失ってしまいがちです。

子供たちが、『ごっこ遊び』を楽しんでいるのを見ていると、私たちの中に眠っている好奇心が目を覚まします。すると、火花のようなひらめきが、私たちを不思議の世界へと誘い、「心の声に耳を澄ませて」と語りかけてくるのです。

自然体の自分を取り戻すと、私たちはこの小さな声を聞き逃すことがなくなります。子供たちはいつだって、この小さな声を聞いているのです。

『ごっこ遊び』をしている時、子供たちは創造力の源流につながっています。何かになりきったり、想像上の友達とおしゃべりをしたりすることもありますが、この、『見えない存在』の訪問を快く受け入れ、そっとしておいてあげてください。

パットの息子のアーサーは、6才になるとおとぎ話に夢中になりました。

「食器を洗いながら窓の外を眺めると、裏庭でアーサーがおもちゃの観覧車を逆さまにして回していたの。不思議に思ったけれど、とても楽しそうだったから、邪魔をしないようにしたの」

次の日もこの遊びに熱中したアーサーに、パットはたまらなくなって尋ねてみると、こう教えてくれたそうです。

「僕は小人なんだ。今は糸車で金を紡いでいるところさ！」

やがてアーサーは、おとぎ話を元にしたミュージカルを書くようになりました。25歳になった時には、長編ミュージカルを8つも書き終えていました。

「おもちゃの観覧車で金を紡ぐことで、頭の中のイメージをつなげていたんだろうね」

アーサーの仕事仲間は言います。

「アーサーは仕事を心から愛し、とても情熱的なんだ。知識も理解力も驚異的で、言葉やアイディアに、おとぎ話のエッセンスが散りばめられているよ。彼ほど、次々にひらめく人を、僕は他に知らないよ」

時として何かをしてあげるより何もしないことの方が、大きな効果を発揮することがあります。

パットは、ただただアーサーの熱心な観客であり続けました。そして、アーサーの創造力にふたをしたり限界を決めつけたりせずに、愛情を持って思う存分発揮させてあげたのです。

ごっこ遊びはとても価値のあるものです。さまざまなものになりきってみることで、違いを尊重する気持ちを育んだり、どんな自分になってみたいか、実際に体験したりすることが出来るのです。ごっこ遊びを通して、子供たちは外の世界にも自信を持って踏み出していけることでしょう。

EXERCISE: 人形を作る

女の子も男の子も、人形作りにわくわくするはずよ。人形はきっと、ごっこ遊びの最適な仲間になってくれるわ。

子供に好きな材料を選ばせて、自分でデザインした人形を作らせてあげて。どんな形になっても、ただ見守っていてあげてね。

紙や靴下、棒切れや積み木を使ってみるのも良いわね。

出来上がったら、その人形についてこんなふうに尋ねてみて。

名前は？

どこに住んでるの？

何歳？

生い立ちを聞きだしてあげることで、子供はより人形を大切にするようになるわ。

もし自分自身と似たような性質を与えたとしたら、子供はもっと自分のことを知りたがっているのよ。もし人形に自分にはない性質を与えたとしたら、自分がどうなっていきたいか考え始めているのよ。

親としての仕事は、ただ興味を持って見守ること。このエクササイズはあなたにとって素晴らしい体験になることを約束するわ！

MILK

第3章 つながりを育む

自然を通して子供たちは、植物や動物と、または大切な人たちとのつながりを育んでいきます。そして、つながりに気がつけば気がつくほど、感謝の気持ちで満たされ豊かな人生を歩んでいけるのです。

自然とふれ合う

周りをよく見渡せば、どこにでも自然とふれ合う機会を見つけることが出来ます。

もし田舎暮らしならば、豊かな森は魔法に満ちた物語を語りかけ、広い草原は真っ白なキャンバスとなり、子供たちは底知れない可能性を存分に描くことでしょう。

もし都会に住んでいるのならば、公園や近所の花屋さんを訪れるだけでも、自然の力を感じることが出来ます。部屋の観葉植物やベランダの植木鉢の花からは、植物の成長や巡り行く季節の変化を敏感に感じ取れるでしょう。

生命の神秘に気がつくことで、私たちは創造力の源へとつながっていくのです。

コートニーはウィスコンシンの郊外で育ち、夏になると、妹と一緒に近所のブラックベリーを摘みに行きました。とても暑い中、姉妹は木のとげで肌を傷つけないように、冬用のコートを着ていました。

家に帰る頃には、服や手が紫色の果汁でしみだらけになりましたが、収穫したブラックベリーを見ると、二人とも興奮しました。

「甘くておいしいブラックベリーを探すのは、まるで宝探しのようだったわ」

コートニーは言います。

「家に帰ると、お母さんとブラックベリーのマフィンを焼くのよ。それで、近所の人たちを招いてパーティーを開くと、とても喜んでくれたわ。今思えば、みんな貧しかったけれど、ブラックベリーを摘むことで、豊かな自然の恵みに気がつくことが出来たの」

大人になったコートニーはパティシエになりました。彼女は、ブラックベリーのマフィンのレシピをずっと大切にし、今では彼女の代表作となっています。

「私にとって思い出深いものだから」

彼女は言います。

「お客さんは、『愛を感じる料理』と言ってくれるわ。それは嬉しいし、まさにそうなのよ。だって隠し味に、姉妹の絆、母との思い出、自然の恵みへの感謝を混ぜているんだから」

歯触りの良い食感とブラックベリーのほど良い甘さが、安らぎをもたらし、彼女の店は人々にとって憩いの場となっています。

コートニーの焼き菓子には、食べた人に子供の頃の忘れていた記憶を思い起こさせる不思議な力が宿っているのです。

力を合わせて庭仕事をすることは、家族にとって大きな意味をもたらします。

メアリーは庭仕事にとても熱心です。色とりどりの花が咲き乱れる彼女の庭はとても美しく、近所でも有名でした。

「パンジーが一番のお気に入りなの」

メアリーは教えてくれました。

孫たちが庭を訪れた時には、パンジーを一緒に摘みます。花を丁寧に切り取り、家に戻るとペーパータオルで平たくして、その上から重たい辞書を乗せます。

数時間後、重しをどけると美しい押し花が出来上がります。それから、孫と一緒に厚紙の上にそれらをきれいに並べ、透明なテープで貼りつけます。

「しおりの出来上がりよ」

メアリーは両端にリボンを結わえながら、孫たちに微笑みます。みんな、自分で作ったしおりを誇らしげに見せ合い、その後もずっと大切に使いました。孫たちは大人になってからも、パンジーを見るたびにメアリーの庭を懐かしみました。

こうして孫たちにとって、『おばあちゃんのしおり』は、美しいパンジーと大事な思い出を包んだ贈りものとなったのです。


自然はいつでもそばにいて、私たちが気づくのを待っています。様々な雪の結晶の形、色とりどりの花や蝶、木の葉が落ちる音。少し目を向ければ、ありあまるほどの自然の豊かさに驚かされることでしょう。

ノアは子供の頃、家の裏にある森を探検するのが大好きでした。

「周りには何もなかったし、どこへ出かけるのにも、車が必要だったんだ。だから、森だけが僕の遊び場だったよ」

彼は愛おしむように思い出します。

「森は、僕の想像力をかき立てたんだ。一つ一つの木に物語が宿っていて、そのどれもが僕に語りかけてくるようだったよ。プールやサッカー場、ましてやショッピングモールなんてもちろんなかったけど、とても豊かだと感じていたよ」

都会の喧噪に邪魔されることなく、ノアの創造力はのびのびと育ち、現在はハリウッドで映画監督として活躍しています。

「大人になった今でも、あの森に行くことがあるんだけど、まだまだ新しい発見があるんだ」

自然とふれ合うのに、子供を公園へ連れて行くだけでは充分ではないと感じてしまうかもしれません。

しかし、子供たちは草花をよく観察したり、鳥の巣を見つけたりするだけでも、自然と深くつながっていきます。その中で、子供たちは素敵な物語を作り、私たちに聞かせてくれるかもしれません。

EXERCISE: 庭仕事をする

子供と自然にふれ合える場所を3つあげて、そこで一緒に何が出来るか書いてみて。大切なのは子供に自然の匂いや色を楽しませてあげることよ。

例えば、私は子供と一緒に図書館で、花の図鑑を見る。というふうにね。

私は子供と一緒に＿＿＿＿＿＿＿＿＿＿＿＿で、

＿＿＿＿＿＿＿＿＿＿＿＿＿＿＿＿＿＿＿＿＿＿＿＿＿＿＿＿＿＿＿＿＿。

私は子供と一緒に＿＿＿＿＿＿＿＿＿＿＿＿で、

＿＿＿＿＿＿＿＿＿＿＿＿＿＿＿＿＿＿＿＿＿＿＿＿＿＿＿＿＿＿＿＿＿。

私は子供と一緒に＿＿＿＿＿＿＿＿＿＿＿＿で、

＿＿＿＿＿＿＿＿＿＿＿＿＿＿＿＿＿＿＿＿＿＿＿＿＿＿＿＿＿＿＿＿＿。

次に、家の中で出来る自然探検を3つあげてみて。

例えば、私は子供と一緒にベランダに植木鉢を置いて、ハーブの種を植える。といった感じよ。

私は子供と一緒に＿＿＿＿＿＿＿＿＿＿＿＿＿＿＿＿＿＿＿＿＿＿＿＿。

私は子供と一緒に＿＿＿＿＿＿＿＿＿＿＿＿＿＿＿＿＿＿＿＿＿＿＿＿。

私は子供と一緒に＿＿＿＿＿＿＿＿＿＿＿＿＿＿＿＿＿＿＿＿＿＿＿＿。

家の中に植物があることで、穏やかで豊かな生活を送っていけるわ。

動物とふれ合う

動物とふれ合う方法はたくさんあります。農園や動物園へ行くのも良いですし、庭に餌箱を置けば、子供たちは野鳥から目が離せなくなることでしょう。

エリックは4歳の息子、エヴァンを連れて公園の池のアヒルの餌やりを日課にしています。アヒルたちは、エリックとエヴァンがおいしいパンをくれるのを知っているので、二人が来ると大きな声で鳴きながら近づいてきます。エヴァンはそんなアヒルが大好きで、それぞれに名前をつけていきました。

「あれはサムだね。あ、あっちにレオがいるよ。ほら、こっちにおいで!」

エヴァンは指差しながらさけびます。

「名前を呼ぶと本当に近づいてくるよ。そんなことあるはずない、なんて誰も言い切れないだろ?」

エリックは言います。

動物と言葉をこえた関係を築けた時、人間も動物の一員であることを思い出し、より親しみをこめて接することが出来るようになります。

家で動物を育てることで、子供たちは世話をしてもらう立場から世話をする立場へと成長していきます。

金魚やハムスターなど小さな生きものを育てるのも良いでしょう。家族に新しい仲間が加わることで、会話も増え、子供たちは自分の意見をはっきりと持つようになります。

「どうしても犬がほしい、って子供たちにせがまれたの」

ペギーは言います。

「私自身、犬を飼ったことがなくて世話の仕方もわからないし、最初のうちは反対していたの。それでも、子供たちは諦めなかったわ。根負けした私は、もし1年間、良い成績を取れたらブリーダーから子犬をもらってくることを子供たちに約束したの。そうしたら、すごくやる気になっていたわ」

ペギーは良い成績のご褒美だけではなく、犬種やしつけ方をペギーと一緒に学ぶことも、子供たちに約束させました。

次の夏になると、子供たちは誇らしげに成績表を見せ、犬についてもだいぶ詳しくなっていました。

「私たちは新しい家族を招き入れる準備に取り組んだの。犬のしつけのクラスに通ったり、本で学んだり、友達の犬の世話を手伝ったりね。犬のことを知れば知るほど、早く一緒に住みたいという気持ちも大きくなっていったわ」

こうして、ココアと名づけられた子犬は、家族に温かく迎えられ、順調に育ちました。子供たちにとって、1年間良い成績を取りながら、犬についても勉強することは並大抵のことではありませんでした。

しかし、ペギーが犬を飼うために、前もって子供たちに多くのことを求めたのは、賢明な判断でした。なぜなら、子供たちは本当にほしいもののために努力出来ることを証明し、ココアはそれに見合うだけの喜びを与えてくれたのですから。

EXERCISE:
好きな動物を思い浮かべる

子供と一緒に好きな動物を3つあげてみて。

1.

2.

3.

その中から1種類選んで、動物園や公園、牧場などで、実際にふれ合える機会を作ってみて。

それが出来たら、お互いに絵や言葉を使ってその体験を分かち合ってみてほしいの。動物との関わりを通して、親子のつながりをより深めていくことが出来るはずよ。

歩きながらだと、会話が弾むという経験をしたことはありませんか？　人間関係が改善された、という話を私はしょっちゅう耳にします。

それは親子にも言えることで、子供と一緒に歩く時、より深いつながりを築いていくことが出来ます。

一緒に歩く

「つい最近、11歳の娘が私に対してものすごく怒ったのよ」

ローラは言います。

「娘はある映画を観たがっていたの。けれど、その映画は暗い内容だし、暴力的な場面もあると聞いていたから、娘にはまだ早すぎると思って、私は許可しなかったの。そうしたら、『クラスの子は全員観ているのに私だけが観られないのね。みんなから、内容を聞くことにするわ』って娘は怒ったの」

私たちは学校までいつも一緒に歩いて行くことにしていたから、この日もしかたなくそうしたの。娘は私を無視して先を歩き、時々、振り返っては私の方をにらんだわ。二人とも、さけられるならばさけたい感情を抱えたまま、一緒にいなければいけなかったのよ。その時突然、不思議な感覚を覚えたわ。家にいる時、話をしたくないのなら、部屋のドアを閉めてしまえば、それですむわ。でも今は、さえぎるものもなく二人きりなんだ、と思って深いつながりを感じたのよ」

学校に近づくにつれて、ローラと娘の距離は少しずつ縮まっていきました。

ローラがお弁当を渡して、「良い日を過ごしてね」という頃には、少しわだかまりが解けてきていました。

その日の夕食の時、娘は、「実は映画を観ていないのは私だけじゃないの」と本当のことをローラに教えてくれました。

二人は一緒に歩くことで、関係性を早く回復することが出来たのです。

「僕の兄は酒びたりの生活なんだ」

デイビッドは教えてくれました。

「なんとか助けになろうと色々してきたんだけど、兄の気分は上がったり下がったりで、とても手に負える状態ではなかったんだ。兄には10歳になる息子のジョシュがいるんだけど、あまり話そうとしないし、突然かんしゃくを起こすこともあるよ。それで僕はジョシュを支えてあげられる存在になると決めたんだ。もちろん、大変なことだとはわかっているけど、このままほうっておけなかったんだ。時々、ジョシュを野球観戦や映画館に誘って、一緒にポップコーンを食べるんだよ。そんな時、無理に会話をしようとしたりせずに、ただジョシュのそばにいてあげるんだ」

デイビッドの話を聞いて、私も心苦しく感じ、何か出来ることがあれば手伝うわ、と伝えました。それから数日後、デイビッドの興奮した声が受話器から聞こえました。

「ジョシュをハイキングに連れて行ったんだ。ジョシュが抱え込んでいる色々な気持ちを、汗と一緒に洗い流せれば良いなと思ってね」

デイビッドは続けます。

「色んな木や鳥を見つけては、それについて教えてあげながらたくさん歩いたよ。途中、木陰で休んでいるとそれまで全く話そうとしなかったジョシュが、『お父さんがハイキングに連れてきてくれたことなんて一度もなかった』とぽつりと言ったんだ。本当に驚いたけど、まさに僕が待ち望んでいた瞬間だったんだ。僕は兄、つまりジョシュの父親もこの状況を悲しんでいることをジョシュに伝えたんだ。それからは本当に二人でよく話したよ。山頂に着く頃には、僕の話に笑ってくれるようになって、感動で胸がいっぱいになったな。こんな素晴らしいひと時に辿り着けるなら、僕は何時間だってジョシュと歩くことが出来ると感じたよ」

それからというもの、デイビッドとジョシュは毎週末、ハイキングへ出かけるようになりました。ジョシュは以前のような笑顔を取り戻し、少しずつ父親との距離も縮め始めています。

誰かと一緒に歩く時、背中を押してくれる不思議な力が働いて、お互いの距離が一段と縮まります。その力はいつも私たちを待っていて、安らぎの時間へと手招きしてくれているのです。

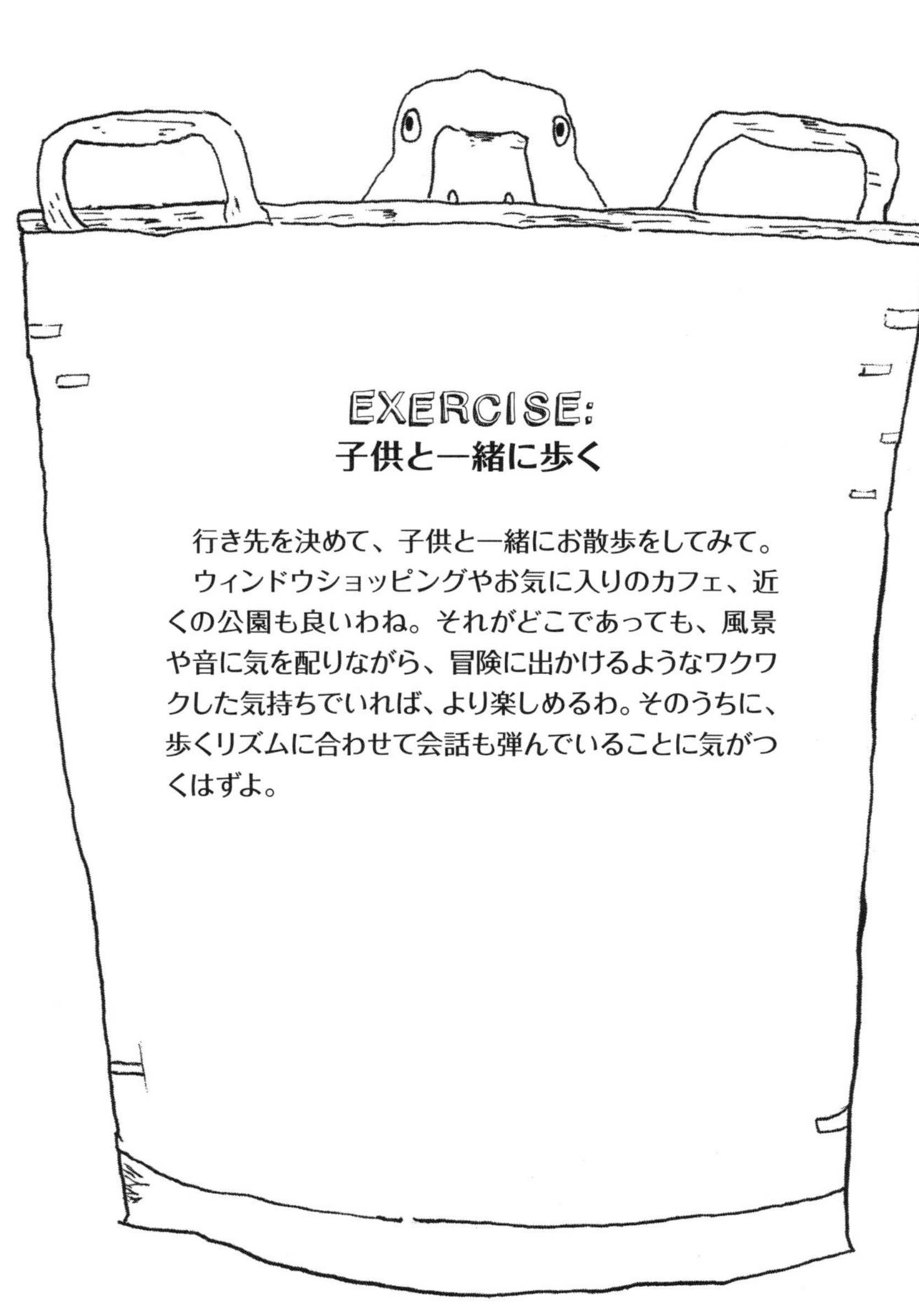

EXERCISE:
子供と一緒に歩く

行き先を決めて、子供と一緒にお散歩をしてみて。

ウィンドウショッピングやお気に入りのカフェ、近くの公園も良いわね。それがどこであっても、風景や音に気を配りながら、冒険に出かけるようなワクワクした気持ちでいれば、より楽しめるわ。そのうちに、歩くリズムに合わせて会話も弾んでいることに気がつくはずよ。

感謝する

私たちは、嫌な出来事は細かいところまでよく覚えているのに、たくさんの良い出来事は見過ごしてしまいがちです。

日々の生活で感謝していることを数えるのは、あまりなじみのないことでしょう。しかし、感謝のリストを作ることによって、私たちはより幸せに人生を歩むことが出来ます。初めのうちは、感謝していることが少ししか思い浮かばないかもしれません。しかし、いつの間にか感謝のリストはいっぱいになり、驚くことになるでしょう。

「しょっちゅうストレスを感じるのよ」

6人の子供を持つ、オペラ歌手のバブスは言います。

「スーパーのレジ係に、『もっと早くしてよ！』と何度怒鳴ったかわからないわ。ついこの間も道を尋ねていた時に、あまりにも話すのが遅いから、『自分で探すから、もう良いわよ！』って言ってしまったのよね。どうしてこんなにせっかちになってしまったのかしら」

そう言うと、バブスは嫌な思い出を振り払うかのように大声で笑いました。私は、感謝のリスト作りをバブスにすすめました。

「あんまり乗り気じゃないけど、あなたが言うならやってみるわ」

バブスはしぶしぶ感謝のリストを書き始めました。

・6人の健康な子供たち
・素晴らしい仕事を持ち、面白くていつも支えてくれる夫
・大好きなカリフォルニアに住んでいること
・話し相手をしてくれる、近所に住む妹
・励まし合えるダイエットサークルの仲間
・セットに時間がかからない私の髪の毛
・子供たちが通う設備の整った学校

私はバブスのリストを見ていくうちに、祝福に満ちた彼女の人生に驚きました。こんなに多くの感謝を見逃すのは不可能と言えるでしょう。

「わお！　私の人生がこんなに素敵なものだなんて忘れていたわ」

バブスは嬉しそうに言いました。

バブスのように忙しい親は、「もっと自分の時間を大切にして、リラックスしたら?」と言われたら反感を覚えるかもしれません。

しかし、大事なことは多くの時間を作ることではなく、今あるものに感謝することなのです。バブスの場合、それはたったの5分ですみました。彼女は再び、安らぎと幸せを感じることが出来るようになったのです。

数日後、私はバブスに連絡を取りました。

「あれから、色んな出来事があったけど、穏やかに過ごせていたし一度も怒鳴ったりしなかったわ。私自身がおおらかでいれば、周りの人にもやさしくなれるのね。オペラで鍛えた私の声は良く響いてみんなを驚かせちゃうから困っていたのよ」

そう言うと、彼女は声をあげて笑いました。

私たちはすぐに、自分の人生はうまくいっていない、と嘆いてしまいます。しかし、感謝のリストを作っている間に、自分の人生の素晴らしさに気づき、幸せな気持ちに満たされていくのです。

EXERCISE: 感謝のリストを作る

あなたが感謝していることを3つあげてみて。

1.

2.

3.

次に子供に、感謝していること、もしくは好きなことを3つ聞いてみて。

1.

2.

3.

それぞれに感謝のリストから1つずつ選んで、それについて絵を描いたり、歌を歌ったり、詩を書いてみて。

感謝していることを楽しく分かち合うことで、お互いに対しても感謝の気持ちを育むことが出来るはずよ。

MILK

第4章 心地良い環境を育む

私たちは制限があるからこそ、創造力を自由に表現することが出来ます。同じように、私たちが安全な環境を作ることによって、子供たちは大いに遊び、その才能を発揮することが出来るのです。

時間割を作る

子供たちが才能を伸ばしていけるように、私たちは習い事や塾などの時間割を作ります。しかし、ひらめきは突然にやって来るものなので、予定を詰め込みすぎると、かえって子供たちの創造性の妨げになってしまいます。

予定がある時間とない時間をうまく組み合わせ、ほどよいバランスを保つことで、子供たちは充分な休息を持つことが出来、柔軟な発想力を育くんでいけるのです。

ドミニカが学校から帰ると、私はきまってぎゅっと抱きしめてあげました。それからおやつを用意して、1時間ゆっくりとくつろぐ時間を与えます。その後、充分にリラックスしたドミニカは、集中して宿題に取り組むことが出来ます。私はその間、ドミニカにやさしく声をかけたり、時にはゲームのように問題を一緒に解いたりしながら、宿題をより楽しめるように手伝います。そうすることで、ドミニカの生活に緩急が生まれ、彼女はより集中して目の前のことに取り組めるようになっていきました。

くつろぐ時間を取り入れたことで、時間割のバランスが良くなり、ドミニカに安心感を与えることが出来たのです。

ライフスタイルと子育てについてのブログを書き、『最小限主義者の子育て』の著者でもあるクリスティン・コーは言います。

「現代は、才能を伸ばすための機会が身近にあふれています。そのため、子供たちの時間割に予定を詰め込みすぎてしまっている親が多く見受けられます。しかし、親が予定を全部決めてしまったら、子供たちは自分で考える力を失ってしまいます。それは、『次に何をすれば良いか決めてあげるから、あなたはただ待っていなさい』と教えていることになってしまうからです」

子供たちに自由な時間を与えないと、自分で考え体験する機会をも奪ってしまうことになります。そのため、子供たちが大いに学びゆっくり休める時間割のバランスを見つけ出していくことが大切です。

7歳になるイアンはドラムを演奏するのが大好きです。そのため、イアンの時間割はドラムのレッスンを中心に組み立てられています。

木曜日はスタジオへ行き、1週間の成果を先生に見てもらい、新しい課題を渡されます。イアンは次の木曜日が来るのを待ちきれないほど楽しみにしていて、毎日練習しています。

「一日30分がルールなの。でも、イアンは集中するともっと長く練習することもあるのよ」

母親のエリザベスは言います。

イアンにとって30分のドラム練習は短く、少しもの足りないくらいでした。しかし、簡単に達成出来る目標を毎日の時間割に取り入れることで、小さな達成感を感じられより大きく前進していくことが出来るのです。

子供がもっと練習をしたがっていたら、それを止める必要はありません。

大切なのは、情熱を育む時間を与え、自分で成長していく喜びを感じさせてあげることです。バランスの良い時間割を作ることにより、子供たちの才能を伸ばしていくことが出来るようになります。子供たちをさまざまなものにふれさせつつも、ゆとりを持って興味を育ててあげてください。

EXERCISE:
才能をリストアップする

あなたの好きなことを3つあげてみて。

1.

2.

3.

次に子供の好きなことを3つ聞いてみて。

1.

2.

3.

共通点はあったかしら？　もちろんなくても良いのよ。それぞれが好きなことをリストアップすることで、お互いの似ているところや違うところを認め合い、より近づくことが出来るのよ。子供の興味を知ることで、個性を育んでいける時間割を組めるようになるわ。

全てのものをあるべき場所に片づける

もし、家が狭いと感じていても、きちんと片づけることで充分な空間を作ることが出来ます。部屋が散らかっていると、落ち着かず集中力が散漫になってしまいます。片づけることで、部屋だけではなく頭の中もすっきりし、やる気がみなぎってくるのです。

「全てのものにはそれにふさわしい居場所があるのよ」と私の母はいつも言っていました。全てのものをあるべき場所に収めていけば、誰にとっても素晴らしい環境を作ることが出来ます。

家の中を片づけ、本当にほしいものだけに囲まれた素敵な空間を作るための簡単な方法がたくさんあります。

私のお気に入りの一つに、『15分間のお片づけ』があります。タイマーを15分にセットし、その間に、『捨てるもの』、『人にあげるもの』、『しまうもの』を仕分けるエクササイズです。

子供たちはこのエクササイズが大好きですし、効率的でおまけに目に見えて満足する結果もついてきます。

空き箱を持ち、仕分ける準備が出来たら、「3、2、1、スタート！」でみんな家じゅうを駆け回ります。

たくさん片づけることが出来たら、子供たちにご褒美をあげるのも良いでしょう。例えば、スーパーでアイスクリームを選ばせてあげたり、テレビのチャンネル権を与えてあげるのを約束することで、子供たちのやる気もみなぎります。

それぞれの収納場所を決め、『しまうもの』は元の場所へと戻してあげましょう。

捨てるのをためらうものがあるのならば、とりあえず、『捨てるもの』の箱に入れ、本当に必要かどうかあとでじっくりと考えてみてください。

『人にあげるもの』の箱には、もう必要のないものを入れ、必要としている人を思い浮かべてみてください。

シャーロットは、『15分間のお片づけ』を実践した時のことを楽しそうに思い出します。

「私の部屋はいつもものが散らかっていて、床があるかどうかすら分からないほどだったの。でも、こんなに短い時間で大きな変化をもたらすことが出来て本当に驚いたわ。『15分間のお片づけ』はすごく簡単だし、今でも続けているのよ」

シャーロットは、自分の部屋の床をもう一度見ることが出来た時の感動を今でも鮮明に覚えています。

「まるで別世界だったわ。思わず部屋じゅうを走り回ってしまったぐらい」

『15分間のお片づけ』は、どんな状態の家にもその効果を発揮します。

使っていない引き出しやクローゼットから掘り出しものが見つかることもありますし、なにより片づけることによって気分が良くなっていくのです。

それぞれの収納場所を決めておけば、子供が部屋を散らかしても、それほど気にならなくなります。ところせましとおもちゃが散乱していても、遊び終わったら簡単に片づけられるのが分かっているからです。

ドミニカがまだ小さかった頃、私はいくつかのスーツケースを遊び部屋に置きました。どのスーツケースにどのおもちゃを入れたら良いか、ドミニカにもすぐ分かるように、『竹馬』、『積み木』、『お人形』とそれぞれにラベルを貼りました。

こうしてドミニカは、片づけは簡単で価値のあるものだということを学んでいったのです。

「でも、ジュリア。私の家はあなたが想像しているよりも、もっと散らかっているの。全部片づけるなんて出来っこないわ！」

私のクラスの生徒はなかば怒鳴りながら言います。あふれんばかりのものが、まるで登頂不可能な山のように見えているのかもしれません。

しかし、いっぺんに片づけようとはせずに、少しずつやることで山頂が見えてきます。すると、初めに考えていたよりも、はるかに短い時間で片づけられることに気がつくでしょう。『15分間のお片づけ』は私たちのストレスをも解消し、新しい一歩を踏み出させてくれる強力なエクササイズなのです。

Homemade Fig Jam

EXERCISE:

『72秒間のお片づけ』

『15分間のお片づけ』の他に『72秒間のお片づけ』を紹介するわ。これは私の母であるドロシーが考案したもので、小さかった私たち兄妹はとても熱狂してこのゲームを楽しんだものよ。

『3、2、1、スタート!』でタイマーを押し、72から0になるまで、あなたが数を数える間に、子供たちはおもちゃを片づけるのよ。

『72秒間のお片づけ』はとても簡単だし、子供の人数や散らかり具合に関わらず、誰にとっても楽しいものになるわ。

自分だけの部屋を作る

作家のバージニア・ウルフは、「芸術家には自分の部屋が必要だ」と言いました。

もちろん、全ての人が充分な空間を確保出来るとは限りません。

しかし、あらゆる魔法のようなアイディアはどんなに小さな空間でも生まれます。

子供たちに自分だけの場所を与えてあげることで、そのとてつもない創造力が育っていくのです。


イングランドに住む、母親になったばかりのテレサは、小さな娘に妖精の本を読み聞かせてきました。一緒に挿絵を眺めたり、時には二人で物語を作ったりもしていました。

その後、家族でドイツに引っ越さなければならなくなり、大切なものだけを荷物に詰めて旅立ちました。

ドイツでの暮らしは以前と何もかもが変わり、言葉さえも分からない中で、テレサの娘はとてつもない不安を抱えていました。

新しい土地での生活を始めると、テレサは娘がどこへ行くにも妖精の本を持ち歩いていることに気がつきました。彼女にとっては、大好きな妖精の本だけが心のよりどころとなっていたのです。

そんな娘を見たテレサにあるアイディアが思い浮かびました。

そして、クローゼットの中にある押し入れに妖精の壁紙を貼り、小さなイスと妖精の絵が描かれたランプを置いて、入り口には妖精の模様のカーテンを吊り、秘密の部屋を作ってあげたのです。

テレサの娘は自分だけの部屋を持ったワクワク感を、大人になった今でもはっきりと覚えています。

「ランプをつけると、妖精たちが浮かび上がってまるで本物のようだったわ。私はそこでネコと一緒に本を読んだり、ぬいぐるみと遊んだりしたの。小さな押し入れは、妖精たちが住む広大な魔法の国になったのよ」

ほんのちょっとした工夫で、なんでもない場所が素敵な空間に変わり、子供たちの夢や創造力を育てる特別な場所になるのです。

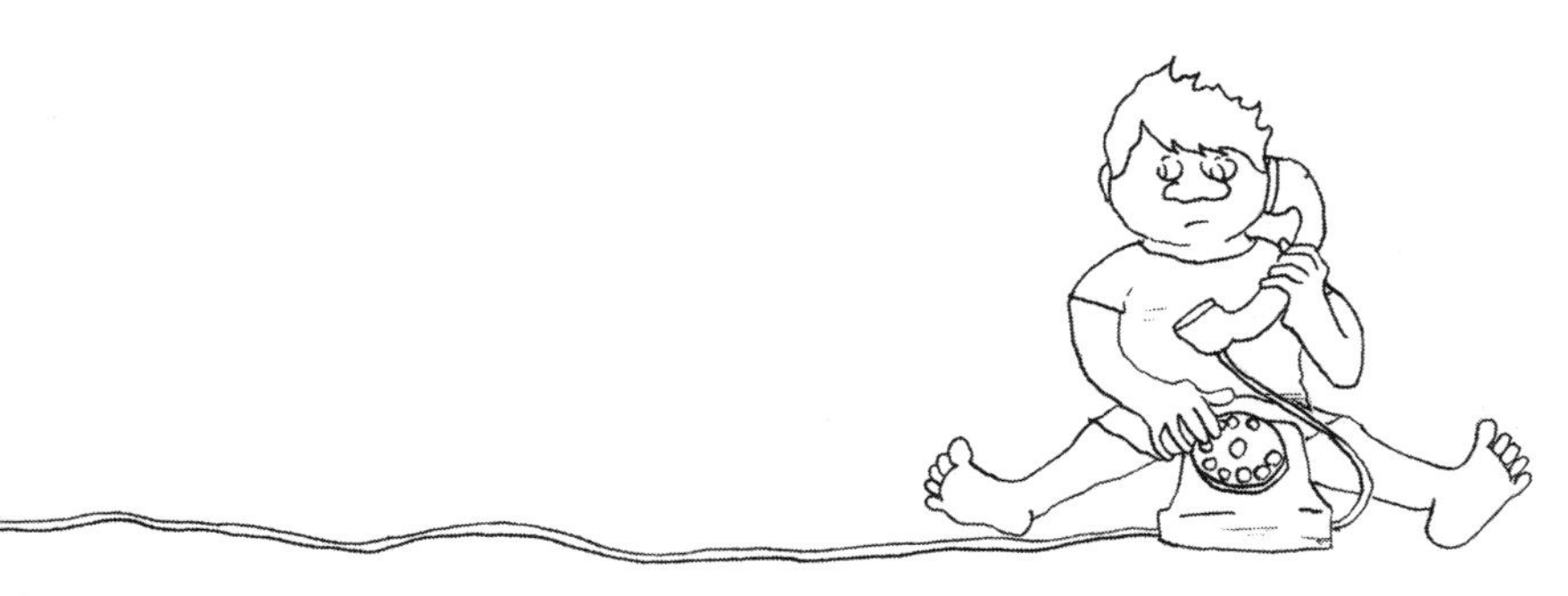

EXERCISE:
自分だけの部屋を作る

　家の中を見回して、秘密の部屋になりそうな場所はないか探してみて。子供だけではなく、あなたの秘密の部屋も作ってほしいの。

　家の大きさが気になるのなら、小さな空間でも良いわ。

　大切なのは、リラックスして創造力を開放出来る場所を持つことなのよ。

完璧にこだわらない

子供たちは散らかすのが大好きです。散らかすことを許されると、子供たちは思い切り遊び、喜びに満ちあふれます。そんな子供たちを見ていると、私たちの中にもある遊び心が踊り出します。散らかすことは誰にとっても、躍動する自由を与えてくれるものなのです。

カリフォルニアに住む、アンジーの家は最新の設備がそろい、洗練されたモダンな造りになっています。

子供が出来てこの家に引っ越してきたのですが、「完璧な状態を保ちたい」というアンジーの強い気持ちは、家族にとってストレスの元となっていきました。

「本当に理想的な家だと感じたの。だから、引っ越して来たばかりの新しい状態をずっと保ちたかったのよ」

しかし、３歳の息子のリチャードを育てながら、忙しい生活を送るアンジーにとって、これはあまり現実的な考えとは言えませんでした。

完璧を追い求めることは素晴らしいことのように思えますが、実際は息苦しさを生み、新しいアイディアを思い浮かべる余裕さえも失ってしまいます。

「初めの頃は、家族のあとを追いかけながら掃除をしていたの。そこいらじゅうにおもちゃを散らかす息子と、ぬれたタオルを寝室に置きっぱなしにする夫に腹を立てていたわ」

アンジーは散らかることに過敏になり、冷蔵庫についた指紋をふき取ったり、ほんの少し傾いただけの本を並べ直したり、掃除しかしない日々が続いていました。

「すごくみじめだったわ。毎日、私だけが何もしていないような気分だったんだもの」

アンジーは両手で顔を覆いました。

私たちは元々、創造的で何かを生み出したいという強い欲求を持っています。心の声を無視し続けると、怒りや悲しみを抱き始め、絶望感へと変わっていきます。

私はアンジーに簡単なエクササイズを提案してみました。

「もしそんなに散らからないのなら、＿＿＿＿＿をする。この空欄を3回埋めてみてほしいの」

アンジーは腕を組んで考え始めました。

「そうね。もし、そんなに散らからないのなら、絵の具で遊ぶリチャードに台所を独占させてあげる。もし、そんなに散らからないのなら、夫にもっとグリルを使わせてあげる。彼、グリルが大好きなのよ」

それから、アンジーは自分自身の願いも思いつき始めました。

「もし、そんなに散らからないのなら、庭に新しい花を植える。もし、そんなに散らからないのなら、油絵の具を引っぱり出して、思う存分に絵を描いてみたいわ」

そう言うと、アンジーは自分自身の創造性を自由にさせたがっていることに気がつき驚きました。花を植えたり、絵を描いたりすることは、完璧な家で子供を育てることに比べたら、さして重要なことではないと思いこんでいたのです。

数日後、アンジーから連絡がありました。

「リチャードに台所でお絵描きをさせてあげたら、とても幸せそうだったわ。あんなに長い時間、集中しているところを今まで見たことがなかったもの。さらに驚いたのはリチャードが、ものの数分で片づけ終えてしまったことよ。次の日に私はリチャードと一緒にお絵描きをしたの。本当に楽しかったわ。今では毎日の習慣になっていて、二人の顔にはいつでも絵の具がついているのよ。私は散らかるのが恐くて何も始められないでいただけだったのね」

私は、リチャードの隣でお絵描きに夢中になっているアンジーを想像し感動を覚えました。

子供にとって、親が創造力を発揮している姿を見ることほど、多くを学べることはないのです。

子供たちは、私たちが思っていることを敏感に感じ取ります。たとえ言葉に出さなくても、散らかした後の片づけに気をもんでいることは伝わります。それは、『遊ぶことは良くないこと』と子供に教えていることになるのです。

私たちが思う存分遊び、すすんで片づける姿を見せることで、子供たちに新しいことを始める喜びを伝えてあげることが出来るのです。

散らかることへの恐怖を掃除する

私がアンジーに提案したことをあなたにもやってみてもらいたいの。

もし、そんなに散らからないのなら＿＿＿＿＿をする。
この空欄を3回埋めてみて。

もし、そんなに散らからないのなら＿＿＿＿＿＿＿＿＿＿をする。

もし、そんなに散らからないのなら＿＿＿＿＿＿＿＿＿＿をする。

もし、そんなに散らからないのなら＿＿＿＿＿＿＿＿＿＿をする。

次に、これらを実際にやってみて。
このエクササイズを通して、片づけるのはあなたが思うほど大変なことではないとすぐに気がつくはずよ。
散らかすことを恐がって、やりたいことをやれないでいるのはとてももったいないわ。

MILK

マナーを大切にする

子供は私たちのまねをしながら多くを学んでいきます。もし私たちがバスを降りる時、運転手に礼儀正しく誠実であれば、それを見た子供も同じように、「ありがとう」とお礼を言うようになるでしょう。子供は、私たちが周りの人に敬意を払って親切にするのを見て、どのように友達を作り、良い人間関係を築いていくかを学んでいくのです。

私は、ドミニカがまだ小さい頃からマナーを教えてきました。ドミニカに何かをしてあげた時、「こういう時はなんて言えば良いんだっけ?」と毎回尋ねるようにしていたら、「ありがとう」という言葉を覚えることが出来ました。自分の部屋でぬいぐるみに向かって、「こういう時はなんて言えば良いんだっけ?」と熱心に言葉を教えているドミニカの声が聞こえたこともありました。マナーを身につけることで、自分のことを誇らしく感じられたのでしょう。

同じように、「お願いします」や、「ごめんなさい」もすぐに覚え、こうした言葉が学校に通い始めたドミニカを大いに助けてくれました。

美術の先生であるマックスは、『お互いを尊重し合うこと』をクラスのただ一つのルールにしました。

「相手を恐がらせることで立場を築こうとしても、うまくいくことはないよ。礼儀正しく親切に、それと少しのユーモアを持って人と接することで、お互いを尊重し合うことが出来るよね」

そんなマックスでも時には、良い関係性を保てないこともあります。

「生徒と意見が合わない時はないの？」

私はマックスに聞いてみました。

「しょっちゅうだよ。でも、意見がかみ合わないこともある、ということを知るのも生徒たちにとって大きな学びになるはずだよ」

父親でもあるマックスは、子育てと学校教育には似ているところがあると言います。

「時として先生や親は、何が正しいか分かっていることがあるよね。その瞬間には公平じゃないと思えるようなことでも、後で子供にとって良い結果をもたらすことを知っているんだ。そんな時は、無理に子供を説得してはいけない。納得のいかない形で話し合いをすると、大人にうまく操られていると感じてしまうからね」

私たちが良いマナーを心がけることで、そこから子供たちは学びます。「お願いします」や「ありがとう」という、単純だけれど思いやりのある言葉は、決して古くなることはなく、お互いを尊重し合うための大切な心がけなのです。

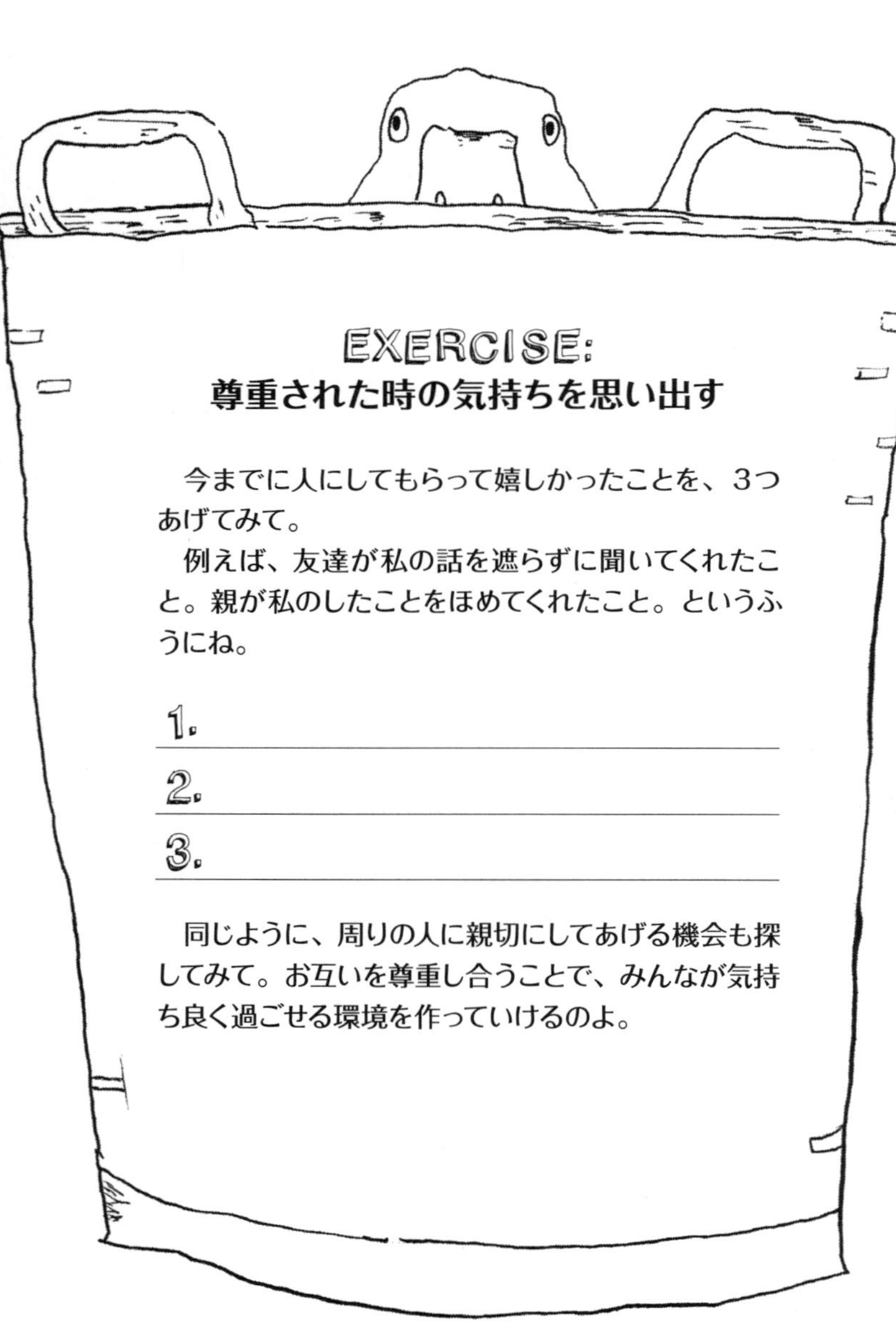

EXERCISE:
尊重された時の気持ちを思い出す

今までに人にしてもらって嬉しかったことを、3つあげてみて。

例えば、友達が私の話を遮らずに聞いてくれたこと。親が私のしたことをほめてくれたこと。というふうにね。

1.

2.

3.

同じように、周りの人に親切にしてあげる機会も探してみて。お互いを尊重し合うことで、みんなが気持ち良く過ごせる環境を作っていけるのよ。

第5章 自分を表現する力を育む

子供たちはいつも何かを表現したがっています。子供たちの表現したものを記録し残しておくことで、努力を認めてあげることにもなります。

真っ白なキャンバスを与える

子供たちは真っ白なキャンバスに色を塗り重ねていくように、何もないところから何かを生み出す力を持っています。

シンディとジェフは4人の子供たちの両親で、全く違う個性や創造力をうまく引き出し、喜びにあふれた家庭を作り上げています。

「僕たち大人が子供たちをとがめると、ルールを破るのを恐れ、自分の可能性に線引きをしてしまうようになってしまうんだ。周りの人を尊重するのは必要なことだけど、大人の理不尽なルールは子供たちの創造性の成長を妨げてしまうよ」

ジェフは言います。

「自分を表現することは、ある意味で社会に対して反抗することでもあるのよ。私は子供たちの楽しい反抗を見てみたいの」

そう言うと、シンディは笑いました。

シンディとジェフの確かな愛は子供たちをそっと支え、自分らしく個性を表現していけるように導いているのです。

私の友達のデザイナーは、舞台や映画の衣装を作っています。

彼女は長い年月をかけ、見事なスタジオを建てました。陽の光がよく入り、色とりどりの生地やボタンが輝いて、きらびやかな装飾品で埋め尽くされています。

週に一度、スタジオに甥や姪を招いて一緒に時間を過ごすことは、彼女にとっての大きな楽しみでした。中へ入ると、子供たちはその美しさに目を丸くします。

「生地をさわってごらん」

彼女は子供たちに言います。

「ここにあるものは何でも使って良いのよ。大事に扱ってきちんとしまってくれるならね」

子供たちが目を輝かせて、『秘密の財宝』にさわっているのを見て、彼女はとても嬉しくなります。子供たちが生地に手を伸ばすと、彼女はそれを取ってあげます。そして部屋の角にある地球儀を指差しながら、この生地がどこから来たのかを教えてあげるのです。

それから彼女はその生地を切り、一緒に何を作るか、子供たちとデッサンを描きながら話し合います。

「私が持っている最高のものにふれてほしいのよ」と、彼女は言います。

「このスタジオにあるものが、どんなに心をこめて作られたのか、子供たちに教えたいの。そうすれば、子供たちは感謝の気持ちを持って創作活動に向かえるはずだわ」

彼女は一つ一つの創作の過程を子供たちと一緒に行うことで、アーティストとして働く意味を肌で感じさせてあげているのです。

ソフィーは、孫のためにおもちゃの整理をしてあげています。カウボーイ、モンスター、恐竜、それからお城のおもちゃを分けて並べます。

おもちゃを見つけた彼女の孫は、カウボーイをお城の中へ入れ、モンスターと恐竜を財布にしまいます。

「私が分かっているのは、孫が何を考えているのか全く分からないってことよ」

ソフィーは笑います。

「孫は、私が思いつかないような方法で遊ぶのよ。私はただそれを楽しみながらそばで見ているの。そうすることで、『あなたのすることは、いつでも私をワクワクさせてくれるのよ』と伝えてあげることになると思うわ」

子供たちが遊んでいるのをそっと見守ることで、私たちも創造力の魔法にふれることが出来ます。

「子供たちの創造力は、私を見たこともない場所へ連れて行ってくれるの。だったら、ついて行きたくなっちゃうでしょ？」

ソフィーは子供のように目をキラキラさせながら笑いました。

EXERCISE:
創作工場を作る

家の中で、子供たちが自由にもの作りが出来る、『創作工場』を作ってみて。『創作工場』とはさまざまな道具や材料を分類して置いておく場所よ。

例えば、のりやテープは、『文具の箱』へ、毛糸やビーズ、生地などは、『手芸の箱』へ分けて入れるのよ。トイレットペーパーや紙袋など分類しづらいものはまとめて、『未分類の箱』へ入れると使いやすくなるわ。

もし家に空いているスペースがなければ、空き箱や棚を、『創作工場』にしても良いのよ。

大切なのは、子供たちが何かをひらめいた時に、いつでも創作出来る環境を作っておくことだわ。

創造力の魔法

子供が何かに夢中になっている時は、そっとしておいてあげてください。そんな時、子供は創造力の魔法につながっているのです。

ドミニカは小さい頃、おもちゃの馬を片手に、リビング中を駆け回るのが大好きでした。それだけではもの足りなくなると、今度は積み木で馬小屋を作りました。次の日には馬小屋を囲うための柵を、本を重ねて作りました。そうやって物語の舞台が出来上がると、ドミニカは短いお話を作り始めました。

「雨が降ってきたぞー」とさけぶと、ドミニカはおもちゃの馬を馬小屋へ入れてあげます。それから少し経つと、「雨がやんだぞー」と言っておもちゃの馬を馬小屋から出し、柵の外へと走らせるのです。

数日後、ドミニカはもう一つおもちゃの馬を持ってくると、「新しいお友達がやって来ました」と言いました。そして、おもちゃの馬を二つとも馬小屋に入れ、「それから二人はずっと仲良く暮らしました。おしまい」とお話を締めくくったのです。私が、「良いお話ね」と言うと、ドミニカは胸を張って、「そうね」と言いました。

子供たちは、自分で何かを作り出そうとしている時、とてつもない集中力を発揮します。子供たちはおもちゃに話しかけたり、時にはナレーションをつけたりします。そんな時、子供たちは創造力を使って、私たちには計り知れない大きな何かと会話をしています。私たちはそっと見守り、子供たちの、『会話』を邪魔しないようにしてあげることが大切です。

かつてアインシュタインは言いました。
「人生には二通りの生き方しかない。一つは奇跡なんて起こらないと思って生きること。もう一つはあらゆるものが奇跡だと思って生きること」

ポジティブに考え、生きることは多くの実りをもたらします。可能性や希望を見い出そうとしていると、実際に感謝したくなるような嬉しい出来事が目の前に現れます。どんなに辛い時でもきっと良くなっていく、と信じられる人は決してくじけることはありません。

実は、これは私たちにとって自然な状態です。赤ちゃんが歩き方を学んでいる時、何度転んでも、立ち上がり挑戦します。もう一度やってみようと思えるのは、いつかは必ず出来ると信じているからです。

「何かを作ってみたいけれど、何から始めれば良いか分からない」と多くの人は言います。私のワークショップでは、自分の中にある創作意欲を発見するためのプログラムがあります。「『やる必要はないけれど、やってみたいこと』を10個リストアップしてみて」と私は生徒たちに投げかけます。最初はみんな考え込んでしまって、何もアイディアが出てこないのですが、そのうちに誰かが、「ひなたぼっこしながら広場で寝転がる」と思い切って言うと、他の生徒たちも次々と参加し始めます。「スキップしながらアイスクリームを買いに行く」、「シャワーを浴びながらダンスする」と口々に言い合います。それから、「みんなの前で、大声で歌う！」と言った生徒が立ち上がり大声で歌い出すと、みんなは楽しそうに笑い出しました。

たくさんの喜びを自分で制限してしまっていることを、このエクササイズを通して発見していきます。自分の欲求に正直になることで、自由になっていくのです。そして、私たちがより自由になると、子供たちにも、やりたいことを好きなようにやらせてあげることが出来るようになるのです。

Homemade Fig Jam

EXERCISE:

本当にやりたいことに気がつく

『やる必要はないけれど、やってみたいこと』を5つリストアップしてみて。

1.

2.

3.

4.

5.

自分に制限をかけて、やらないようにしているものほど、実はあなたが本当にやりたいことなのよ。自分に厳しくなりすぎずに、思い切り楽しんでみてね。

さまざまな活動に参加させる

子供たちは次から次へと興味の対象が変わっていきます。絵を描いていると思ったら、次の日には粘土遊びに夢中になり、また次の日には歌を歌ったりします。

子供を出来るだけさまざまな活動にふれさせてあげてください。地域の美術館や博物館に連れていったり、スポーツクラブに参加させてあげたりすることで、子供たちが何に興味があるのかを知り、それを励ましていくことが出来ます。

好きなことを見つけた後でも、子供たちの興味は変わり続け、新しい形になっていきます。この自然なプロセスの中で、私たちの好みを押しつけることなく、子供たちの自己表現力を育んであげてください。

「長女のクロエは、演劇が大好きで演技も得意なのよ」

ペギーは言います。

「でも、次女のブレアは何に興味があるか分からなくて、何を始めさせたら良いか困っているの。だから、色んな活動に参加させて、どれを続けられるか見守るしかないと思っているのよ」

ペギーはブレアをサッカーやバレエ、絵画教室、バイオリン教室など、さまざまな活動に参加させました。それから、サーカスや演劇、ミュージカルにも連れていきました。しかし、それでもブレアが何に興味があるのか見つけることは出来ませんでした。

「クロエの時のようにやりたいことが見つかれば良いな、と思ったんだけど、そう簡単にはいかないようね」

そんなある日、8歳になったブレアは突然、ラジオから流れる曲に合わせて歌い出しました。

「とても迫力のある歌声だったわ」

ペギーは言います。ブレアはラジオから流れるたくさんの曲をいつの間にか覚え、歌えるようになっていたのです。

「ブレアがこんなに素晴らしい歌声を持っていたなんて、全然知らなかったわ」

何に興味があるのか分かりやすい子供たちもいれば、ブレアのようにさまざまな活動を試してみて、やりたいことを見つけていく子供たちもいます。

ペギーの励ましによってブレアは、『やりたいことをすぐに見つける必要はないし、色々やってみることは良いことだ』ということを学ぶことが出来ました。ブレアはやりたいことを見つけたことで自信がつき、自分の個性を積極的に表現する気持ちも芽生えました。

それから、ボーカルレッスンに通い始めたブレアは、新しいテクニックを次々と吸収し、全校生徒の前で、アカペラで歌いました。

「ブレアは舞台の上で堂々としていて、全然緊張していなかったわ。見ている私の方が緊張したのよ」

ペギーは笑って思い出します。

さまざまなことに挑戦する子供をサポートする時、気がつかないうちに私たちの、『好み』を反映させてしまうことがあります。

私は馬が大好きなので、ドミニカがおもちゃの馬に興味を持ったことをとても嬉しく思いました。その一方で、ドミニカがドラムを叩きたいと言った時には、どうしたら良いか分かりませんでした。というのも、私はピアノを弾くのは好きだったのですが、ドラムとはどうも相性が悪く、敬遠していたのです。

しかし、私がドラムを叩くのが苦手だから、という理由でドミニカにはさせないというのは間違っていると感じました。

そこで、私はドミニカがオートミールの空き箱でドラムキットを作るのを手伝いました。彼女がリズムを刻むと私はそれに合わせて歌います。ドミニカはビートルズやローリングストーンズの曲に合わせてドラムを叩けるようになり、私がその横で踊ると、ドミニカはとても満足しているようでした。

私たちには、どんなことでもやってみる権利があります。結果を考える必要はありません。なぜなら、新しいことを試すのに間違った方法などないし、厳しい批評や悲惨な結果が待っていることもありません。

私は今までたくさんの人たちにインタビューをしてきました。小さい頃から色々なことに挑戦するのを、親から励まされてきた人たちは、創造的で自由な仕事をし、幸せな生活を送っています。

結果だけを見るのではなく、その道のりをほめてあげることが大切です。子供たちは、アスリートのように何度も練習し、科学者のように何度も実験を繰り返します。私たちが気長に見守ってあげることで、子供たちは楽観的に新しいことに挑戦し続けることが出来るのです。

EXERCISE:
いつもの自分から少しはみ出す

ペンを手に取り、子供と一緒に挑戦出来ることを３つ書いてみて。出来れば、気軽に出来る範囲を少しはみ出してみてほしいの。

例えば、色鉛筆を買って家の周りの花を描く。子供についての詩を書く。とかね。

1. ______

2. ______

3. ______

そこから1つ選んで、子供と一緒にやってみて。結果を期待せず、子供にプレッシャーを与えないようにね。

このエクササイズは、プールに入る前につま先をつけて水の温度をはかるようなものよ。少しずつ、活動の範囲を広げていくことで、いつの間にかさまざまなことが出来るようになり自信がついていくわ。

思い出を記録する

思い出深い瞬間を形に残すことは、私たちの歩いてきた道のりを記録することでもあります。デジタルカメラの普及で、撮った写真を家でプリントアウトすることも出来るようになり、アルバム作りもより簡単になりました。

私が大事にしているドミニカの写真はたくさんあります。ロサンゼルスのグリフィス公園でポニーにまたがるドミニカ、その馬を引きながら笑っている私。この写真は特に大事にしている写真です。写真を見るたびに、まるであの瞬間の風が私の胸を吹き抜けていくような感覚を覚えます。

大人になったドミニカが家に尋ねてくると、私たちは一緒にアルバムを眺めます。

「ねえ、これ見て！　覚えてる？」

ドミニカが写真を指差しながらさけびます。ドミニカの誕生日パーティー、二人で竹馬に乗っているところ、それから昔飼っていたプードルも写真の中で生き生きとしていて、「こんなに素晴らしいことが本当に起こったんだよ。人生は美しいんだよ」と私たちにやさしく語りかけてくるのです。

子供と一緒に写真を貼りつけながらアルバムを作っていくことは、世界に一つしかない、あなたと子供だけの物語を紡ぎ出していくことなのです。

写真の他に、創作したものを残しておくことで、子供たちの創造力を後押しすることが出来ます。

6歳になるブリアンは、毎日のように絵を描きます。

「大きくて色とりどりの絵を描くのが好きみたい」

母親のリディーは言います。

「ブリアンは自分で絵の具とイーゼルを用意して、必要な道具を管理しているのよ。そして絵を描き終わると筆をちゃんと洗うの。そのあとブリアンは毎回決まって、『私は画家なのよ』と腰に手を当てて言うのよ」

そう言うと、リディーは微笑みました。

コレクションは日ごとに増えていき、リディーは、『ギャラリー』を作ることにしました。

リディーはブリアンを連れて、クラフトショップへ行きました。

家に帰ると、買ってきたピンク色のボール紙に二人で、『わたしのえ』と大きな文字で書いて切り抜き、遊び部屋の壁にかけました。こうして、ブリアンの絵を飾る、『ギャラリー』が完成しました。

「週に一度、絵を入れかえるのよ」

ブリアンは教えてくれます。

「とても良い絵が描けた時は、それを飾って、どれを外すか考えるの。ギャラリーってそういうものなのよ」

ブリアンはそう言い、美術館の館長のようにそれぞれの絵の説明や、どこからインスピレーションを得たかを説明します。

母親のリディーは、作品を飾り立てることで、ブリアンが精力的に絵を描けるようにサポートしています。

作ったものを残していくことで、子供は自分の創造力に自信を持ち、さらに創作を続けていけるようになるのです。

EXERCISE:
思い出をつかまえる

子供たちの描いた絵や、好きなもの、家族でバーベキューをしているところなど、子供に写真を撮らせてあげて。

デジタルカメラによって、撮った写真をどのようにも使うことが出来るのよ。例えば、パソコンの壁紙にしたり、デジタルフォトフレームで写真を繰り返し見られるようにしたりね。

写真を一枚ずつ見ていくことで、その時の感情、木々のざわめき、家族や大好きな人たちを思い出すことが出来、思い出をもっと作っていこうという気持ちがむくむくとわいてくるはずよ。

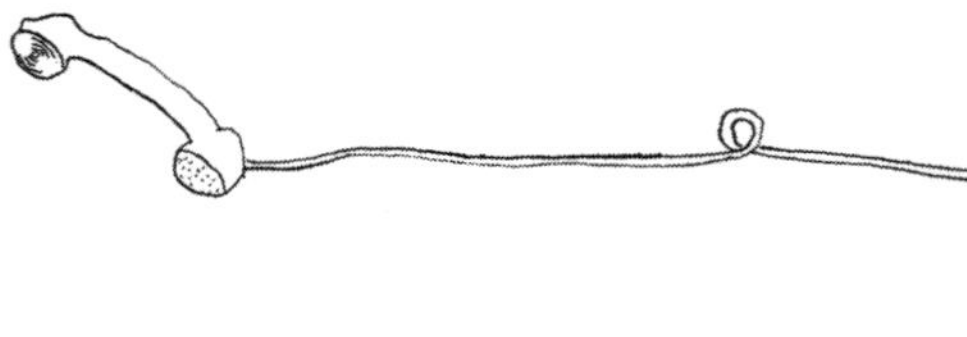

第6章 発明する力を育む

一見、退屈に思えるようなことでも、工夫しだいで楽しく出来るようになります。子供たちに、『大人の生活』をのぞかせてあげると、どんな活動にもひらめきの種が埋まっていることを発見していきます。

退屈を楽しみに変える

「退屈！」と文句を言う子供たちの言葉の裏には、「なんとかしてよ！」と大人たちにうったえかける声が隠されています。しかし退屈とは、何もすることがない状態ではなく、新しいことを始める準備が出来た、ととらえることが出来ます。

コメディアンであるクレアは、子供の頃のことを思い出します。

「ある日、私が妹とリビングで寝転がりながら、『あー退屈！』って言ったら、母がすかさずさけんだの。『あら良かった！　あなたにやってほしい仕事がたくさんあるのよ。フォークとナイフを磨いて、庭の草むしりをして、部屋のほこりを掃除してちょうだい』ってね」

クレアは言います。

「私はもう二度と退屈なんて言わないと誓ったわ。でなきゃ、世界で一番つまらない仕事をやらされるもの」

フランスの片田舎で育ったクレア姉妹は、ほとんどの時間を自然の中で過ごしました。花を摘んだり、交代で渡り鳥の巣の見張り番をしたり、森に棲むエルフの物語を作ったりして遊びました。

「テレビを見る時間は厳しく決められていたし、パソコンもなかったの。私たち姉妹は遊ぶために想像力を働かせ続けたわ。そうしたら、『あー退屈！』なんて思う暇さえなくなったのよ」

想像力は使えば使うほど、筋肉のように強靭になっていきます。その力は私たちをつき動かし、どんな状況でも多くの喜びを見つけ出してくれるのです。

退屈は私たちに、「行動を起こしなさい」と合図を送っています。起き上がり、新しいアイディアを探す必要があることを知らせてくれるのです。一度この合図が来ると、私たちは無視することが出来ません。土に埋めても、燃やしても、水をかけても消えることなく、しつこく追いかけてきます。

退屈を方向転換のきっかけとして使ってください。次に何もすることがない、というのは、裏を返せば、「どんなことも可能だ」ということです。想像力を使って、新しい選択肢を作り出してください。

子供が退屈しているのを見るたびにおもちゃを買い与えていたら、不満を言えば何かしてくれると思うようになってしまいます。しかし、この考え方がうまくいくことはありません。なぜなら、子供たちが求めているのは、自分自身のアイディアであり、私たちのアイディアではないからです。子供が、「退屈！」と言ったら、すぐに解決しようとせずに、その本当の意味に耳を傾けてください。

EXERCISE:
退屈を突きやぶる

次の文章を出来る限り早く3回埋めてみて。子供が、「あー退屈！」っていうようなら一緒にやると良いわね。ただ口に出すだけでも、紙に書いても良いのよ。

私は今から＿＿＿＿＿＿＿＿＿＿＿＿＿＿をする。

私は今から＿＿＿＿＿＿＿＿＿＿＿＿＿＿をする。

私は今から＿＿＿＿＿＿＿＿＿＿＿＿＿＿をする。

素早く埋めることで、ひらめきを疑う時間をなくし、自由にアイディアを思いつくことが出来るわ。

楽しさを見つけ出す

「どんなことの中にも必ず楽しめるものがあるわ。さあ、指を鳴らして見つけましょ」

メアリーポピンズは歌いました。

やらなければいけないことをやる時こそ、創造力を使って楽しいものに変えてください。そうすることで、いつでも、どこにいても楽しめることを子供たちに見せてあげられます。すると、子供たちは小さなことの中にも楽しみを見つけ、結果として効率良く物事に取り組めるようになるのです。

やらなければいけないことを楽しいゲームにするのは、とても良い方法です。「僕のパンツ見っけ！」、「これはパパの靴下だね！」、「ママのシャツあったよ！」と、洗濯物の山から持ち主を見つけ出すことは、とてもワクワクするゲームになります。『15分間のお片づけ』は片づける時間を短縮します。いつもより入浴剤をたくさん入れて泡だらけにすれば、子供たちは嫌がることなくお風呂に入ってくれます。

毎年の催しものの中にも、やらなければいけないことはあります。そんな時には前もって計画しておくことで、素敵な思い出に変えることが出来ます。

ジンジャーは子供の頃、夏になると家族みんなでおばあちゃんの家へ遊びに行きました。車に荷物を乗せると、ニューハンプシャーからイリノイにあるおばあちゃんの家まで大陸を横断します。

「今考えてみると、とんでもないことよね。だって家族みんなで20時間のドライブよ」

そう言うと彼女は目を回して笑いました。ジンジャーの家族は太陽の昇らないうちに出発します。夜明け前の冷たい空気はこれから始まる大冒険をほのめかし、寝ぼけていたジンジャーの背筋をしゃんと伸ばします。車に乗りこむと、後ろの座席には子供たちの寝袋と枕が用意してあり、寝転がりながら窓の外の景色を見られるようになっています。両親は普段から子供たちの食事に気をつかっていました。しかしこの旅の時だけは、朝食にファーストフードを食べて良いことにしました。

「私は、バターとメイプルシロップのたっぷりかかったパンケーキを食べるのよ」と、ジンジャーは言います。

見知らぬ町をいくつも通りすぎ、夜になるとキャンプ場にテントを張ります。ジンジャーは寝袋の中で、ランタンの明かりをたよりにお気に入りの本を読みました。朝になると、森の中で水浴びをし、大自然を肌で感じます。長い時間をかけておばあちゃんの家に辿り着くと、両手を広げておばあちゃんが出迎えてくれます。

「おばあちゃんは、私たちのために焼いたクッキーをたっぷり瓶に詰めておいてくれるのよ。そして、家族みんなで、背の高い花が咲く広い庭を探検したり、近くの湖で泳いだりするのよ」

ジンジャーは思い出して微笑みます。一週間がすぎ、再び車に乗り込むと、おばあちゃんはプレゼントの入った大きな袋を差し出します。

「瓶詰めのチョコレート、おもちゃ、キャラクターシールのセット、ゲームとか、子供たちは1時間ごとに袋からそれぞれ取り出して良いのよ。次のプレゼントが待ち遠しくて、あっという間に時間が過ぎていったわ。おばあちゃんがくれた袋にはプレゼントと一緒に魔法が詰まっていたのね」

ジンジャーは言います。

「旅の一つ一つの出来事がどれも特別な思い出になっているわ」

どんなことでも楽しみに変えていけることを子供たちに教えてあげてください。すると、子供たちも喜んで、『やらなければいけないこと』をしてくれるでしょう。

Homemade Fig Jam

楽しいことを見つける

あなたが最もやりたくないことを3つあげてみて。

1.

2.

3.

次に、それぞれの隣にどんな楽しみをつけ加えられるか書き足してみて。

例えば、子供がお菓子をねだるから買いものをしたくないのだとするわね。それなら、お行儀良く出来たら、ご褒美にお菓子ではないものを買ってあげる、と書き足すのよ。キャラクターマグネットや色鉛筆をあげたら、子供はきっと喜ぶわ。

少しずつ楽しみを増やせれば、お互いに次の買いものが待ち遠しくなるはずよ。

お金の価値を教える

お金の価値を教えることで、子供たちは社会の仕組みを学んでいきます。お手伝いを頼み、子供がやり終えたらそれに見合う程度のお金を渡す。そうすることで、子供たちはお金が感謝のしるしとして受け取るものだと学ぶことが出来ます。

しかし、なんでもかんでもお金を与えてはいけません。家族の一員として当然、手伝うべきこともあるからです。

部屋を掃除したり、買いものを手伝ったりすることは、家族みんなの仕事です。しかし、庭の草むしりはその範囲をこえた仕事なので、お礼としてお金をあげると良いでしょう。

貯金箱を与えてあげると、お手伝いをしてもらったお金が貯まっていく過程を見ることが出来ます。そして、そのお金でほしいおもちゃを買ったり、もしくはそのまま貯金したり、自分らしいお金の使い方を学んでいくことも出来るのです。

私が今までにインタビューしてきた創造力にあふれる人たちの多くは、子供の頃に貧しかった環境で育っています。

私の友人の作曲家は、親が中古のピアノを買えるほどのお金が貯まるまで、おもちゃのキーボードで練習していました。

「音がくるっていたし、しょっちゅう壊れていたけど、大事にしていたよ。両親が僕のために買ってくれたものだからね」と、彼は言います。

彼に大きなスタジオやグランドピアノは必要なく、音楽学校に通う必要もありませんでした。なぜなら、彼はお金にまさるほどの音楽に対する情熱があったからです。

「毎日何時間も練習したよ。最初の50曲はそのキーボードで作曲したんだ」と、彼は言います。

大人になった今、彼は数々の美しい曲を書き、その中からいくつかのヒット曲も生まれました。

「情熱を持って続けていれば必ず夢は叶えられるってことを、両親がくれたおもちゃのキーボードから学んだよ」

子供の創造性を育てていくのに、金銭的な状況は関係ありません。親が子供の情熱をサポートするのに必要なものを与えてあげることで、子供たちは自信を持って好きなことを追いかけていけるのです。

子供たちにお金を稼ぐ機会を与えたり、お金の賢い使い方を見せてあげたりすることで、子供たちは自然とお金との関わり方を身につけていきます。

お金を貯めることと使うことを通して、ほしいものや必要なものの価値を見極めていけるようになります。小さい頃からお金の使い方を学ぶことで、金銭的な状況を自分でコントロール出来る大人に成長していくのです。

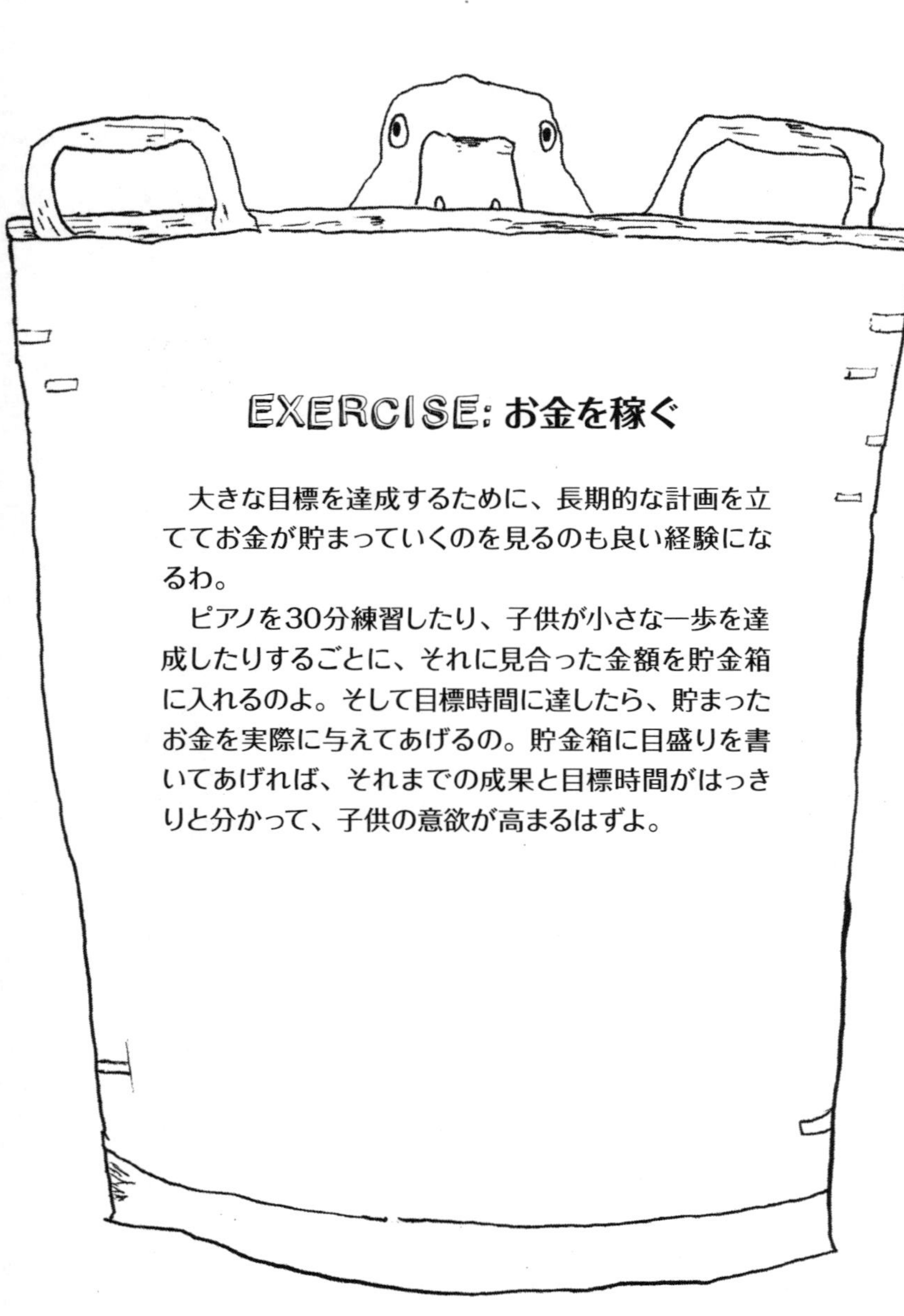

EXERCISE: お金を稼ぐ

大きな目標を達成するために、長期的な計画を立ててお金が貯まっていくのを見るのも良い経験になるわ。

ピアノを30分練習したり、子供が小さな一歩を達成したりするごとに、それに見合った金額を貯金箱に入れるのよ。そして目標時間に達したら、貯まったお金を実際に与えてあげるの。貯金箱に目盛りを書いてあげれば、それまでの成果と目標時間がはっきりと分かって、子供の意欲が高まるはずよ。

食事の準備をする

食事は家族の絆を深める時間です。子供たちを食事の準備に参加させることで信頼感を示すことが出来ます。

一緒に買いものに行けば、食材がどこからやって来るのかを教えることが出来、庭で野菜を育て収穫することで、生命の尊さを学びます。そして子供たちに料理を手伝ってもらうことで、自分の力に自身を持つようになります。

小さな子供にはレタスをちぎらせてあげれば、「サラダは私が作ったのよ」と誇らしげに言うでしょうし、テーブルの準備をさせてあげれば、「ナプキンをたたんだのは僕だよ」と自慢するでしょう。

キャサリンの家のキッチンは広々としていて、人が自然と集まって来ます。子供を連れた親戚の人たちは、キャサリンの温かいお出迎えと彼女の作った目を見はるほどの見事な料理に引き寄せられるように集まってきます。キャサリンは庭で色とりどりの野菜を育てていて、これらを使った料理が食卓にのぼることもよくあります。

「3歳になる姪っ子にも、食事の準備を手伝ってもらっているのよ。一人一人に何を担当したいか聞いてから、一緒にサラダやデザートを作ったりするの」

キャサリンは、一番小さい子供が、イチゴ、ブルーベリー、ラズベリーをボウルに入れるのを手伝います。それを使ってミックスベリーのコンポートが出来上がると、今度は他の子供がテーブルの上のお皿にのせていきます。

年上の子供たちは野菜を切る担当で、キャサリンがそれぞれの野菜の切り方を教えます。キャサリンの庭でとれた新鮮な野菜の前菜やオリーブオイルをかけたフランスパンのスライスも加わって、豪華な料理がテーブルの上に並びました。子供たちはそれぞれの席につくと、自分がどれを作ったのか言い合います。

食事の準備をする間、スープをこぼしてしまう子供や、あわててぶつかり合いお皿を落としてしまう子供たちがいます。そんな時、キャサリンはおなかを抱えて笑いながら、子供たちが片づけるのを手伝います。

キャサリンのキッチンは自由な空気で満たされていて、多くの子供たちが安心して食事の準備に参加出来るのです。

年長の甥は料理の勉強に熱心で、食事の席でイタリア製のオリーブオイルについて、キャサリンに質問します。それから自分の夢を語り始めました。

「僕はイタリアに行って、色んなオリーブオイルを味わってみたいんだ。それで、一番おいしいオリーブオイルを持って帰ってくるんだ」

キャサリンは、甥がいつかその夢を叶える姿を想像しながら微笑みます。

キャサリンの寛大な心は、子供たちに安心して実験が出来る場所を与えています。

「子供たちに、食事の準備に気を配ることを学んでほしいの。子供たちが汚すのは分かっていることだし、厳しくしてはいけないのよ」とキャサリンは言い、それからゆっくりとキッチンを見回すと、「それにしてもすごい散らかりようよね」と笑いました。

子供たちを食事の準備に参加させることで、自分を誇らしく思うと同時に、自分で考える力を育んでいくことが出来るのです。

一緒に食事の準備をする

料理が得意でも、そうじゃなくても簡単に作れるレシピはたくさんあるわ。

食材の買い出しから調理、盛りつけ、お片づけまでを子供と一緒にやってみて。デザートやサラダなど、子供に担当させてあげるのも良いわね。出来上がったら、お互いにたたえ合ってね。

MILK

第7章 感じる心を育む

創造力の流れには、大きく分けて、入って来るものと出ていくものがあります。外側の世界から多くの刺激が入って来ると、心の内側からインスピレーションが湧き出てきて、工作をしたり音楽を演奏したり、物語を書いたりすることが出来ます。子供たちをさまざまなものにふれさせることで、何に情熱があるか気がついていけるのです。

思いこみを知る

多くの人たちは、アーティストに対する固定観念を持ってしまっています。誤った意見を子供たちに押しつけないためにも、よく考え直してみる必要があります。

私のワークショップでは、創造力の流れを妨げている記憶を思い返し、肯定的なものに変えていくエクササイズを行っています。

「次の空欄を埋めてみて。『私の親は、アーティストは＿＿＿＿＿な人たちだと言っていた』」

私は生徒たちに投げかけます。すると、さまざまな答えが返ってきます。

「私の母は、アーティストは変な人たちだって言っていたわ！」と誰かがさけぶと、「僕の父は、ちゃんとした仕事を持っていない人たちって言っていたな」、「家庭を築けない人種だって聞かされたよ」とみんな次々と言い合います。時には、「私の両親は、アーティストをこの世界で最も重要な人たちだと教えてくれたわ」と言う人もいます。

このように親からどのように教わったかを思い出していくことで、アーティストに対する自分自身が持つイメージを知ることが出来ます。

孤独、変人、わがまま、有名、天才など、ネガティブなイメージもポジティブなイメージも、必ずしも全てのアーティストに当てはまるとは言えません。

もし全てのアーティストが孤独でわがままならば、誰もアーティストになりたいとは思わないでしょうし、ましてや子供たちにアーティストになるように励ますこともないでしょう。

実際、アーティストとは特別な人たちのことではないのです。単純に、彼らは創作活動をしている人たちのことです。中にはプロとして活躍している人や、趣味でしている人、有名な人もいれば、無名な人もいるし、結婚している人もいれば独身の人もいます。

アーティストとは、他の人たちと同じように色々な経験をする、ある意味では普通の人たちと言えます。


私たちはみんな創造力にあふれ、その大きな力とつながることが出来ます。私たち一人一人の中にある創造力を尊重し、子供たちの興味を励ましていくことが大切なのです。

創造力について子供たちに教える時、私たちは自分の誤った考えに気をつける必要があります。

自分には創造力が足りないと思い込んでいると、子供たちにとっても良い影響を与えることが出来ません。「犬の絵を描いて」とか、「物語を聞かせて」とねだられた時、「そういうのは得意じゃないのよ」とすぐに断ってしまうと、「創造力がない人もいるんだ」と真実とはかけ離れたことを子供たちに伝えていることになります。

すると子供たち自身も何かを表現することを恐れ、縮こまってしまうようになります。自分の作ったものや子供たちが作ったものに対して意見を言う時、よく考えてから発言してください。

子供たちに犬の絵を描いてほしいと頼まれた時、完璧に描く必要はありません。あなたがピンク色が好きならば、形の崩れたピンク色の犬を描くほうがよっぽど、子供の創造力を育むことになります。

子供たちの遊びに、「面白そう！　私もやってみたい」とあなたが言えるなら、その遊び心を子供たちは喜んで受け取ることでしょう。

EXERCISE:
思いこみを見つける

次の空欄を3回埋めてみて。

アーティストは________________________な人だ。

アーティストは________________________な人だ。

アーティストは________________________な人だ。

どんな答えになったかしら？　アーティストはお金がなくて悲観的？　それとも、穏やかで親切？

どんな答えになっても自分を批判しないで。考古学者になった気分で自分の思いこみを発掘するのよ。

アーティストに対する自分の考えに気がつくだけでも、創作活動について子供たちとより楽観的に話が出来るようになるわ。

本を読む

子供と本を読むことは子育ての中でも大事にすべき時間です。子供たちにとって大好きな本を両親に読んでもらうことは、何ものにもかえがたい思い出となるでしょう。これらの経験は心に深く刻まれ、自分が何に興味があるかを知るきっかけにもなります。

私たち兄妹が子供の頃、家には子供のための詩や童話、それから妖精の話や美しい挿絵の入った民話がありました。

私の母は、寝る前にこうした本を読み聞かせてくれました。その中で、たくさんの文字を紡いで、一つの物語が出来るのだということを、私たち子供は学んでいきました。

字が読めるようになると、兄妹はリビングで寝転がりながら、それぞれ読書にふけるようになりました。本棚にはまだ読んでいない本がいくつもあり、通りの向こうには図書館があって、たくさんの新しい物語がいつでも私たちを待っていました。

大人になると、7人の兄妹のうち私を含めた何人かは作家として活躍していきました。私たちはたくさんの物語を読むことで、いつの間にか大きなインスピレーションを受け取っていたのです。

「本を読むことで、私たちは一生の友達になることが出来たのよ」

シシーは言います。

「夏の間じゅう、私とサラは誰にもじゃまされないように納屋の屋根に上ってリュックに詰めた本を読んでいたの。お互い、本を読んでいる間はほとんど話さなかったわ。だけど、長いこと一緒に本を読んで過ごすことで、最高の仲良しになれたのよ」

たくさんの本を詰めこんでパンパンになっていくリュックとともに、二人の友情も大きくなっていったのです。大人になったシシーとサラは、遠く離れて暮らしていますが、今でも連絡を取り合い、当時のことを楽しげに語り合ったりもします。

本を読む時、私たちは物語やアイディアを発見するだけではなく、人とのつながりも育んでいきます。一人で読んでいる時でさえ、作者や物語の登場人物とつながっていきます。

読書を通じて、私たちは大きな何かとつながり、自分の中にある無限の可能性にふれていくのです。

EXERCISE:
大好きな本を読む

あなたの子供が一人で本を読めるのなら隣同士、それぞれ好きな本を読んでみて。ほんの少しの間だけでも良いのよ。

同じ部屋で本を読むことで、『別々だけれど、一緒にいる』という穏やかな時間を分かち合えるはずよ。

音楽に親しむ

私たちが楽器を奏でたり、レコードを聴いたりして音楽を楽しむことで、子供たちにも自由に演奏し、好きな音楽を見つけていくきっかけを与えてあげることが出来ます。

ジョンとマシューは、音楽があふれる家庭で育ちました。母親はピアノの先生で、父親は朝になると、家族みんなの目覚ましがわりにトランペットを吹きます。

家ではジュディーコリンズやピーターポールアンドマリーなどのレコードをかけ、家族で地元の楽団のコンサートにも通っていました。

土曜日の朝には、父親がクイーンのアルバム、『オペラ座の夜』を大音量で流しながら、食器を洗ったり洗濯物を干したりします。母親はそれを見ながら目を回しますが、ジョンとマシューは、父親の音楽に対する深い愛情を感じ、彼らもロックミュージックを好きになっていきました。

二人は早くから音楽に親しみました。マシューはクラシック、ジョンはさまざまなジャンルの音楽にも興味を持ち、ジャズやロック、ファンクなども聴き、どんどん吸収していきました。

「二人が小さい時から音楽の才能があるってことに気がついたの」

母親は言います。

「私たちは子供たちのやりたいことをサポートして、その才能を育てていきたいと思っていたの。だから私たちは出来る限り、子供たちが音楽を続けていける環境を作ることに励んだわ」

マシューとジョンは大人になって、プロのミュージシャンになりました。マシューはクラシック音楽の他にポップミュージックにも魅力を感じるようになり、20代の時には作曲を始めました。今では、彼の曲がしょっちゅうラジオから流れてきます。

ジョンは、たくさんのバンドと一緒に演奏し、その後、自分のレコーディングスタジオを持ちました。

「ジョンのセンスと技術はすごいよ」

マシューが言います。

「あいつは本当に良い音で録音するんだ。ガキの頃から、ジャズのレコードをたくさん聴いてきたから、耳が良いんだろうね」

子供たちが覚えた曲を演奏していたら、耳を傾け、ほめてあげてください。それにより、子供たちはまた新しい曲を練習しようという気持ちが出てきます。

舞台女優であり歌手でもあるヘザーは、音楽に親しんだ子供の頃の思い出を話してくれました。

「私はすごく小さい頃から音楽が大好きだったの。2歳の誕生日パーティーでは、おもちゃのマイクを握って何時間も歌い続けたのよ。5歳になると、ピアノのレッスンに通い始めたの。大好きなリトルマーメイドや美女と野獣の曲を練習して、音楽の基礎を身につけたわ」

ヘザーは続けます。

「小学校にあがると、母がミュージカルに連れていってくれて、それから演劇にのめり込んでいったわ。両親は私の音楽への情熱に早くから気がついていて、なんにでも挑戦させてくれたわ。私が音楽の道をあきらめることなんて考えもしなかったのは、『うまくいかなかった時のための計画』を両親が用意せずにいてくれたからなの。舞台の仕事ではオーディションで落とされることもよくあるから、どんな時でも自分を信じることを教えてくれた両親には本当に感謝しているわ」

ヘザーの人生を振り返ってみると、両親の励ましがあったからこそ、その才能を開花させることが出来たのだと分かります。

ある人にとって音楽とは情熱の表現手段であり、またある人にとっては生活にかかせない楽しみの一つです。

ラジオから流れる曲に合わせて体を揺らすことも、教会の聖歌隊の一員として歌うことも、好き勝手にピアノを弾いて作曲することも、それぞれの人にとって、とても価値のあることです。

「あなたはどんな音楽が好きなの？」

この質問にどのように答えても正しいのです。私たちの好きなものは変わり続け、その時々の好みがあなたの答えなのです。

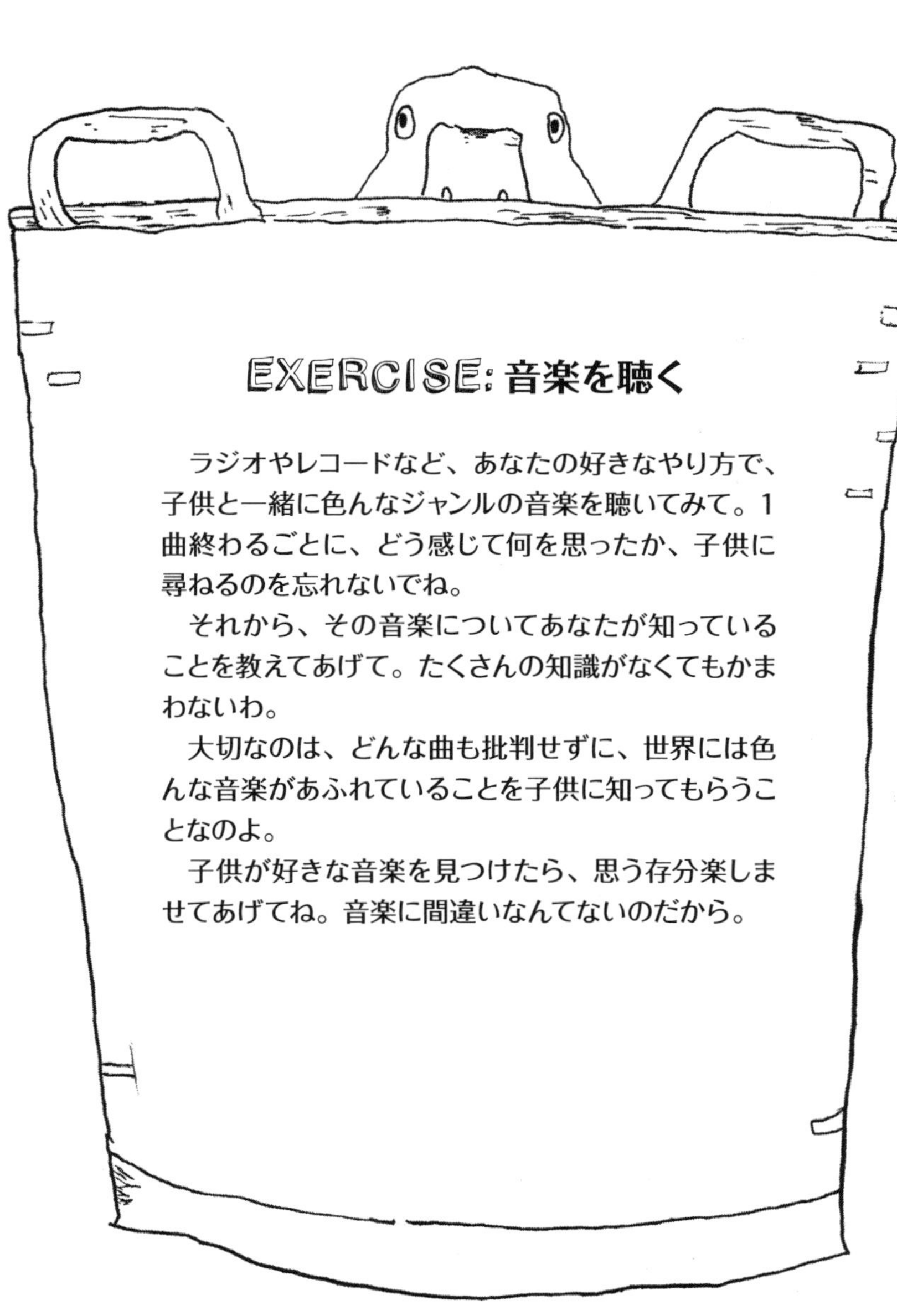

EXERCISE: 音楽を聴く

ラジオやレコードなど、あなたの好きなやり方で、子供と一緒に色んなジャンルの音楽を聴いてみて。1曲終わるごとに、どう感じて何を思ったか、子供に尋ねるのを忘れないでね。

それから、その音楽についてあなたが知っていることを教えてあげて。たくさんの知識がなくてもかまわないわ。

大切なのは、どんな曲も批判せずに、世界には色んな音楽があふれていることを子供に知ってもらうことなのよ。

子供が好きな音楽を見つけたら、思う存分楽しませてあげてね。音楽に間違いなんてないのだから。

良い観客になる

映画、演劇、音楽など、他の人の作品にふれることで、自分の創作活動にはない学びを得ることが出来ます。

子供たちのために作られたエンターテインメント作品はたくさんあります。最初のきっかけとして映画を観に行くのが良いでしょう。ポップコーンを一緒に食べながら、静かに鑑賞することで、子供たちは作品に敬意を払うことを学びます。

私たちは子供たちとどんな映画を観るか、じっくり吟味する必要があります。大人向けの内容は子供たちにとって集中しづらいもので、時には恐がらせたりもしてしまいます。逆に年齢に対して幼すぎる内容だと、馬鹿にされたように思い、いらだちを感じてしまいます。

ドミニカが7歳の時、私たちは一緒に映画を観に行きました。ドミニカにはまだ早いかな、と思うような内容だったのですが、彼女はポップコーンにも手をつけず、じっとスクリーンを見つめていました。

映画館を出ると、私はドミニカに、「どうだった?」と尋ねました。するとドミニカは、私のことを見ながら、「まあまあね。でも、主人公が夫を叩くシーンはいただけないわ」と言いました。それを聞いた私は思わず声をあげて笑いながら、「確かにそうね」とうなずきました。それから色々な映画を一緒に観ましたが、ドミニカの洞察力にはいつも驚かされています。

静かに映画鑑賞が出来るようになったら、次は演劇に行くと良いでしょう。目を見はるような色とりどりの舞台装飾や、思わず口ずさんでしまう覚えやすい歌の数々に、子供たちは魅了されることでしょう。『ライオンキング』は私のおすすめの演劇です。物語が分かりやすく、子供たちも大いに楽しめる内容だからです。

もし演劇のチケットが高すぎると感じるなら、地域の新聞に載っている子供向けの演劇でも、充分に楽しめるでしょう。

リニーは私の親友であり、素晴らしい歌手でもあります。彼女が一度だけ、目の前で歌ってくれたことがあるのですが、その時の興奮を私は今でも忘れません。

私は、彼女の歌声にじっと耳を傾けている間じゅう、全身に鳥肌が立っていました。リニーは私に良い観客になる方法を自然に教えてくれていたのです。

私たちは子供たちの観客になってあげることで、良い観客とはどういうものかを見せてあげることが出来ます。ダンスや歌、演技など子供が表現するものを温かいまなざしで観ることで、子供たちはより分かりやすく伝えようとしてくれます。

子供たちの表現を評価したり批判したりせずに、ゆっくりとくつろいでただ楽しんでください。そうすることで、子供たちはプレッシャーを感じることなくのびのびと表現出来ると同時に、観客への感謝の気持ちも持つことが出来るようになるのです。

EXERCISE:

観客になる

子供と一緒に地域のイベントに出かけてみて。中学校や高校の演劇、美術館、図書館の映画上映会とか、簡単に参加出来るものが良いわね。

作品を鑑賞する時は、敬意を払って静かにしていることを教えてあげてね。終わったら、特に印象に残ったところや、楽しかったところを子供に聞いてみて。

きっと子供の視点に驚かされるわよ。

お話を作る

自分でお話を考えて子供たちに話してあげるのに自信がない人も多いことでしょう。しかし子供たちが、「何かお話をして」とねだる時、決して良く練られたお話である必要はありません。

お話の続きが思いつかなければ、子供たちに手伝ってもらうのも良いでしょう。物語の中に、子供たちの好きなおもちゃや人形を登場させると、子供たちは喜んでお話の続きを考えます。大切なのは、恥ずかしいと思う気持ちを忘れ、お話に集中することです。

私の友達のタイラーはストーリーテリングを何年も教えてきました。

「ストーリーテリングは台本を持たずに物語を語るんだ」

タイラーは言います。

「映画でもテレビ番組でも台本があふれているこの時代に、これは特別なことだと思うよ。僕たちは必死になって作品を残そうとするけど、ストーリーテリングは聞き手と話し手の間に灯る、一瞬の火花みたいなものだからね」

タイラーは真剣な目で言います。

ストーリーテリングは時間を行き来する旅のようなものです。人類が初めて火を囲んだ頃から、物語は人々の間で受け継がれてきました。子供たちは、両親や祖父母の子供の頃の話を聞くのが大好きです。物語は一つの世代から次の世代へバトンのように手渡され、過去、現在、未来をつないでいくのです。

長年、子供向けの舞台女優をしてきたキーラは、3歳になった姪のサンドラにお話を聞かせてあげるのが大好きです。サンドラも、キーラのお話が大好きで、キーラの家を訪れるたびにお話をおねだりしました。

「彼女に古典的な物語をたくさん聞かせているのよ」

キーラは言います。

「それが最近の一番の楽しみ。私が知っている物語を全部聞かせてあげたいの」

ピーターパンのお話をする時、キーラはそれぞれの登場人物の声色を使い分ける上に、身振り手振りまで織りまぜるものですから、サンドラは息が苦しくなるほど笑います。

お話が終わると、「ティンカーベルがサンドラの家に来るかもしれないわ」とキーラは言いました。

次の日、キーラのもとにサンドラの母親から電話がありました。

「朝ご飯を食べさせていたら、サンドラが天井のすみを見ながら、私のエプロンを引っ張って、『ママ、ティンカーベルがいるよ』って小声で言うの。彼女の指差す方に目を向けると、ガラスのコップに窓から差し込む光が反射していただけだったんだけどね」

母親は笑いました。

「まあ！　今度私もティンカーベルに会わせてって伝えておいて」

キーラも笑いながら言いました。

キーラの物語は、サンドラの想像力を刺激しました。サンドラは、これからもティンカーベルのあとを追って、あちらこちらに物語を見つけていくことでしょう。

キーラのようにお話が上手である必要はありません。少しのきっかけを与えてあげるだけで、子供たちは想像を広げていくことが出来るのです。

「子供の頃から妖精の物語が大好きなの」

リリアンは言います。

「グリム童話やディズニー映画に夢中だったわ。それで最近、娘にもそういった昔の物語を聞かせてあげようと思い立ったのよ」

リリアンは、彼女の娘がベッドにつくと、毎晩お話をしてあげます。有名なお話であったり、時にはリリアンが作ったお話であったりします。

「娘が喜びそうな登場人物を考えるのはとても楽しいの。娘にお話をすればするほど、少しずつ慣れてきているのよ。私のお話は上手かどうか分からないけど、娘は夢中になって聞いてくれるのよ」

私たちが作り出す登場人物によって、子供たちは真剣にお話に耳を傾けます。

そのうち、子供たち自身もお話をしたくなってくるでしょう。そうしたら、今度は私たちが耳をすまして子供たちのお話に夢中になるかもしれません。

EXERCISE: お話を作る

子供にお話をしてあげて。もし何も思いつかなかったら、子供にどんなお話をしてほしいか聞いてみて。窓辺の花や子犬のしっぽについてのお話になるかもしれないし、はたまた、通りの向こうに住んでいるおじいさんのお話になるかもしれないわ。どんなテーマでも良いのよ。間違ったお話なんてないんだから。

それが終わったら、今度は子供にお話をしてくれるように頼んでみて。あなたが思うよりたくさんお話してくれたかしら？　耳を傾けて、子供の想像の世界に参加してみてね。

MILK

第8章 集中力を育む

健康的な食事、運動、充分な睡眠、心の安定。これらは子供たちの成長にとって大切な要素です。健やかな体と心によって集中力が養われ、子供たちは勉強や遊びをのびのびと楽しんでいけるでしょう。

テクノロジーとうまくつき合う

創造力にとってかわるものはありません。私たちが物語を書いたり、絵を描いたり、時には冗談を言ったり出来るのも、創造力からの贈りものです。

しかし、ラジオ、テレビ、携帯電話、パソコン、テレビゲームなど、あらゆるテクノロジーが私たちの気を引こうと手招きしています。

ティモシーはテレビゲームに夢中です。ストーリーは暴力的で、耳をつんざくような爆弾を使いたくさんの敵を倒していきます。ゲームに勝つことだけが、彼の心を支配しています。コニーは大好きなDVDの映画を見続けています。彼女は、「もう一回。ね、もう一回だけなら良いでしょ?」と何度もせがみます。母親は心配していますが、大したことではないと言われそうで誰にも相談していません。

しかし、こうしたテクノロジーへの依存は親子の実りある時間をおびやかし、子供たちの集中力をも散漫にしてしまいます。

「世の中には刺激的なものがあふれていて、私たちは何でも手に入れたいと思ってしまっているの」

クリスティンは言います。

「私たち親のやり方が間違っているわけじゃなくて、ものだらけの世の中に圧倒されているだけなのよ」

テレビ番組は録画しておけばいつでも見られますし、図書館や本屋に行かなくても、書籍を家でダウンロードすることも出来ます。テクノロジーの進歩は私たちに快適さをもたらしましたが、それと同時に生じた問題も出てきているのです。

携帯電話を家に置いて子供たちと一緒に散歩に出かけるだけでも、『あなたのことを一番大切に思っている』という気持ちが自然に伝わっていくでしょう。

しかし、子供がブランコで遊んでいる時、あなたがネットサーフィンをしていたりメールを打つのに必死だったりしたら、子供がどれだけ高く漕げたか、その貴重な瞬間を見逃してしまうでしょう。気がつかないうちに、『私にはあなたよりも大事なことがたくさんあるのよ』と伝わってしまうかもしれません。

先日、私は携帯電話を片手に食料品店で買いものをしていました。すると母親の腕に抱かれた、まだ3歳にもならない子供が、「電話！　電話ちょうだい！」と私の携帯電話を取ろうと泣きさけぶのです。私は思わず跳びのきました。

母親をちらりと見やると、私と同じように携帯電話を持っていてメールを打つのに忙しそうでした。彼女の腕の中でまっ赤になって泣いている子供の方を見向きもしません。

「電話！」

子供はめいっぱいさけんでいましたが、母親は携帯電話の画面を見つめたまま、ただ子供を抱き寄せるだけでした。子供の目が血走っているのを見て、私は携帯電話の誘惑を断ち切るのがどれほど大変なことかを垣間みたような気がしました。

いつもメールばかりしている母親を見て、子供は携帯電話こそが何よりも大事なものなんだ、と思い込んでしまったのかもしれません。

この子供の携帯電話に対する異常な執着心は多かれ少なかれ、私たち誰の心の中にもあるものなのです。


「家でのテレビゲームは禁止にしているのよ」

私の友達の一人が言います。

「その方が良いと思っているんだけど、10歳になるうちの子はすぐにテレビゲームをしたがるのよ。時々、子供が他の子の家にゲームをしに行くことがあるんだけど、その子の親も一緒になってゲームで遊ぶこともあるみたいなの。『子供との時間の過ごし方は人それぞれだろ』ってその親は言うんだけど、ゲームをしている時ほど、子供が孤独を感じることはないと思うわ」


私たちは子供たちに対し、家でのルールを考え直す必要があります。ある親はゲームの時間を30分と決め、一日2回に分けたり、またある親は週末に2時間と決めたりしています。

テクノロジーは時として、とても便利なものです。しかし、自分自身を見つめる時間を持つことが、私たちの創造力を最も刺激してくれることを忘れてはいけません。

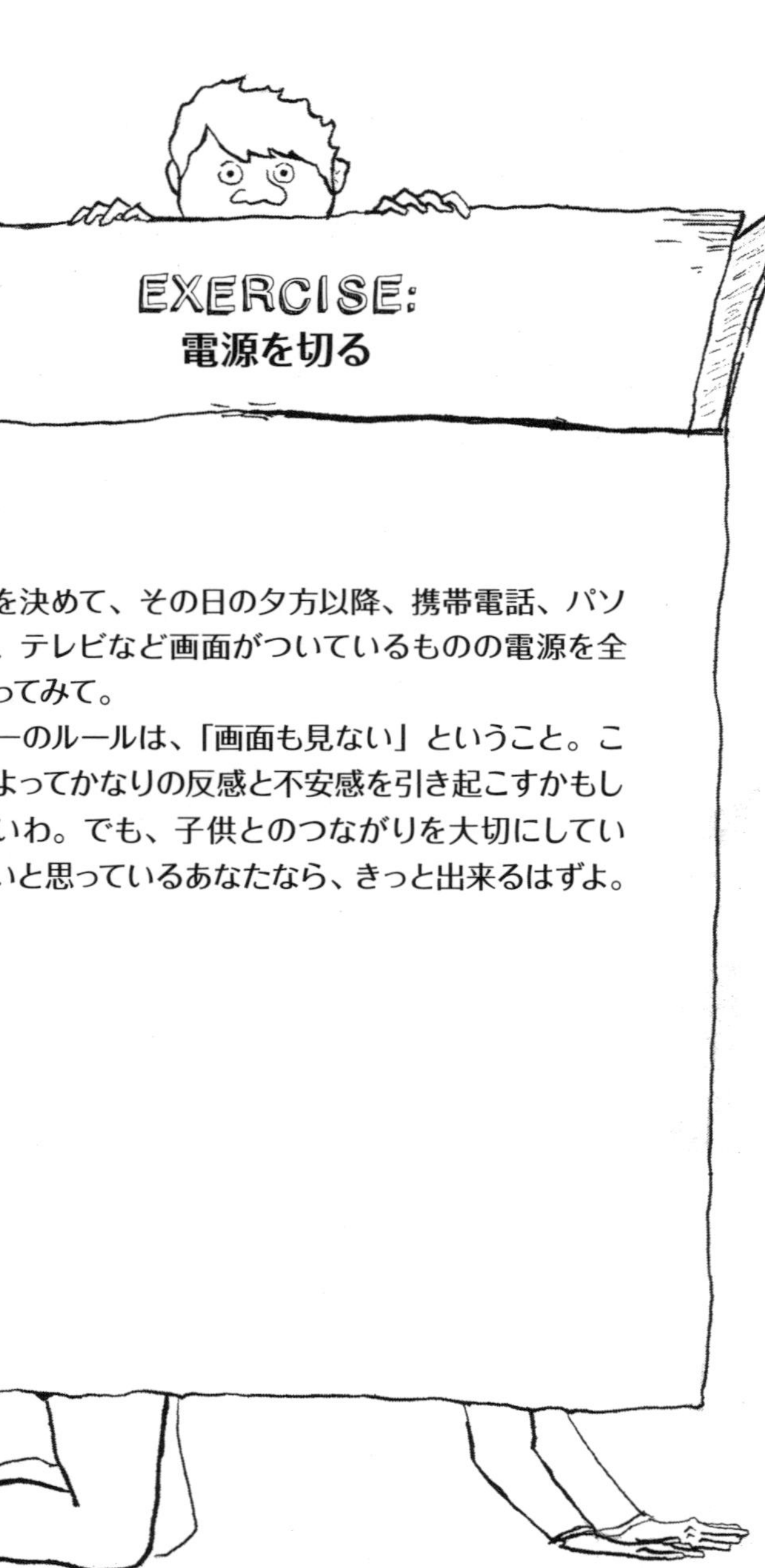

EXERCISE:
電源を切る

日を決めて、その日の夕方以降、携帯電話、パソコン、テレビなど画面がついているものの電源を全て切ってみて。

唯一のルールは、「画面も見ない」ということ。これによってかなりの反感と不安感を引き起こすかもしれないわ。でも、子供とのつながりを大切にしていきたいと思っているあなたなら、きっと出来るはずよ。

健康的な習慣づくり

私たちはよく運動し、健康になればなるほど、豊かな創造力を育んでいくことが出来ます。健康な体を持つことで多くのことを成しとげられ、喜びを感じるようになるでしょう。誰もが健康と幸せを願いますが、この二つはお互いに手を取り合って一つとなるのです。

特に健康的な人たちは、適度な食事を心がけています。絶対にケーキを食べてはいけない、と厳しいルールを作ってしまったり、逆に毎朝、砂糖まみれのシリアルを食べることを習慣にしたりするのは良い選択だとは言えません。砂糖や乳製品、小麦を受けつけない体もあれば、それらを必要とする人もいます。

それぞれの人にとって理想的な食事は違います。極端なやり方を避けて適度な食事を心がけることで、子供たちもすくすくと成長していけるでしょう。

自分や子供に合った健康的な食事を見つけていくことは、私たちの創造性を刺激します。

「学校から帰ってきたら、洋梨で作ったウサギがいたのよ」

エリオットは笑いながら言いました。

「干しぶどうの目、人参の耳、セロリのひげにカッテージチーズのしっぽで体が洋梨のウサギを、母が作ってくれていたのよ。なんだか、すごく可笑しかったわ」

工夫をすれば素敵なおやつも、あっという間に作れます。なにより、うさぎのおやつは健康的でとても楽しいものでした。

私たちは創造力を使って、より健康的な習慣を心がけることが出来ます。公園で犬と追いかけっこをするだけでも楽しくて健康的な運動になります。

しかし私たちが運動不足だと、それを見た子供たちも同じように運動しなくなります。

ある若い母親は娘を妊娠してから、20キロも太ってしまいました。子供が6歳になろうという頃には、母親はさらに5キロ太っていました。

「太っているのはわかっているのよ」

若い母親は言います。

「お菓子をよく食べるし、とても疲れやすいわ。子育てに忙しい時ほど食べてしまうのよね。娘が生まれてからはずっとこんな生活を続けているの。もう慣れてしまったし、前に着ていた服はクローゼットの奥にしまわれたままで、今では体のラインがわかりづらい服を選んで着ているのよ。正直なところ、前のような体型に戻すのは出来ないんじゃないか、と思っているの」

この若い母親は体重の増加に苦しんでいました。そんな彼女に一歩踏み出させたのは娘のジョアンナでした。

数日後、私は彼女に再び会うと、「私は指導者についての本を、娘に読み聞かせていたの」と話し始めました。

「娘に良い指導者はどんな人か、自分だったらどんな指導者になりたいか聞いてみたの。するとジョアンナは私の目を見て、『ママは良い指導者ではないわ』と言ったの。私は驚くと同時にとても傷ついたの。だって、今まで娘たちのために色んなことをしてきたのよ。私は娘たちを愛しているし、一緒に遊んであげるし、励ましもしてきたの」

彼女は涙を浮かべて続けます。

「私は、『どうしてそんなこと言うの』ってジョアンナに聞いたの。するとこう言ったの。『自分を大切にするためにアイスクリームをたくさん食べちゃいけません、ってママはいつも言うわ。だけど、ママは毎日食べてるじゃない』」

そう言うと、母親の目には涙が浮かびました。

「その日から減量プログラムに参加し始めたわ。いまだに、ジョアンナの言葉が頭から離れないことがあるけれど、しょうがないわ。子供にごまかしは通用しないものね。まだ6歳なのに、彼女の方が正しかったんだから」

この若い母親のような例は決して珍しくはありません。子供たちは親の気持ちを知らず知らずのうちに見抜いているのです。

健康的な習慣を、家族みんなで見つけていくことはとても楽しい経験になります。

「僕は時々、子供たちを農場に連れていくんだ」

ロブは教えてくれました。

「みんなでトマトを収穫して、その場で食べるのさ。子供たちは甘いトマトが大好きだし、新鮮な野菜がどこから運ばれてくるのか学ぶことも出来るよね。もちろん、子供たちはケーキやアイスクリームも好きだけど、健康的な食べものだってとてもおいしいことを教えてあげたいのさ」

突拍子もないように聞こえるかもしれませんが、ドミニカがまだ小さかった頃、私たちは竹馬に乗って学校に通っていました。

私たちは信号まで来ると、赤信号の時には、竹馬に、「どうどう」と声をかけて止まり、青信号では「はいどう」と声をかけ進み出しました。

校門に着くと、ドミニカはなごり惜しそうにしぶしぶ竹馬から降り、私はそれを家へと持って帰りました。下校の時間になると、私は再び学校へ竹馬を持っていき、二人で一緒にぱかぱかと帰るのです。

家には竹馬がたくさんあり、私たちにとってその日の気分で竹馬を選ぶことも楽しみの一つとなっていました。

こうした毎日のちょっとした時間の中で、遊びながら出来る運動を取り入れていくことはとてもワクワクするものです。

小さな変化が私たちの生活に大きな変化をもたらし、より楽しい生活を築いていくことが出来るのです。

健康的な習慣や運動は人によってさまざまです。大切なのは、それらを私たちが本当に望んでいるかどうかです。

運動や食事など自分には関係ないと思っていたり、逆に、健康的な食事以上に大事なものなどないとあなたが思っているとしたら、子供はそれを感じ取ります。極端なやり方でむりやり健康的な習慣を身につけさせようとすると、とたんに子供たちの健康と幸せをも奪いかねません。

子供たちは親の行動から学んでいきます。もし、活発で健康的な子供に育ってほしいと思うのならば、まず私たちがお手本にならなければいけません。

まず私たち親が運動を始め、子供たちにも一緒に体を動かすように誘ってあげましょう。公園で遊んだり、散歩をしたり、またはリビングでも出来る簡単な運動でも良いのです。

大切なのは、体を動かす楽しさを伝えてあげることなのです。

Homemade Fig Jam

EXERCISE:

小さな一歩

健康のために、子供と一緒にどんなことが出来るかしら？　ペンを手に取って３つ書いてみて。

1. ____________________

2. ____________________

3. ____________________

大変そうだな、と感じてしまうかしら？　それなら、もう少し簡単なことに書き直しても良いのよ。

でもこれだけは覚えておいて。小さな一歩が、あなたと子供に大きな変化をもたらし、必ずワクワクした生活へと導いてくれるわ。

睡眠の質を上げる

私はある日、モーニングページに、『昨日は良く眠れなかった。疲れているし、すごくイライラする』と書いている自分に気がつきはっとしました。

疲れてイライラするのを感じるのは、仕事や家事を頑張ったのに充分な休みがとれていない証拠です。疲れていると気難しくなり、子供たちにもやさしく接することが出来なくなります。

私たちがすべきことは睡眠の質を上げる習慣を作っていくことです。

私たちは時に、充分な睡眠は取れないと決めつけて、「私は大丈夫」と自分に言い聞かせます。そして疲れきった体を引きずりながら、なんとかその日一日をやり過ごすのです。

休める時にはしっかりと休みましょう。もし出来れば子供と一緒に昼寝をするなど、睡眠の必要性を子供たちに伝えていくことも、親にとって大切なことです。

子供が昼寝をしたがらなくても、一緒に横になってあげてください。ついさっきまでだだをこねていたのに、いつの間にか寝息を立てている子供に驚くことでしょう。

私たちも子供と同じように、まだ眠りたくないと思っているだけなのです。他にもっとするべきことがあるのではないか、と不安になっているのです。しかし、充分な休息をとることで集中力が高まり、より生産的にするのです。

親である私たちはたいていの場合、とても疲れていて、元気になった自分を想像することが出来ません。

子育てをしていく中で、何度も睡眠を妨げられる時期もあります。慢性的に充分な睡眠を取れていないと回復するのにも時間がかかってしまいます。

「横になるとすぐに寝てしまうわ。疲れていない時なんて想像も出来ないくらい、いつもすごく疲れているもの」

母親になったばかりのナンシーは言います。授乳のために夜中に何度も起こされる今の彼女の状況では、一度に充分な睡眠を取ることは出来ないかもしれません。

しかし、やるべきことが山のようにある中で、睡眠の優先順位を高くしておくことは、子育ての質を上げることにもつながるのです。

子供たちの寝室を穏やかで静かな環境にし、充分な睡眠が取れるようにしてあげましょう。どんなに嫌がったとしても、子供たち自身に寝室を片づけさせ、より穏やかな環境で眠りにつかせてあげてください。部屋の明かりの調整をすることで、子供たちは心地よく眠りに誘われていきます。

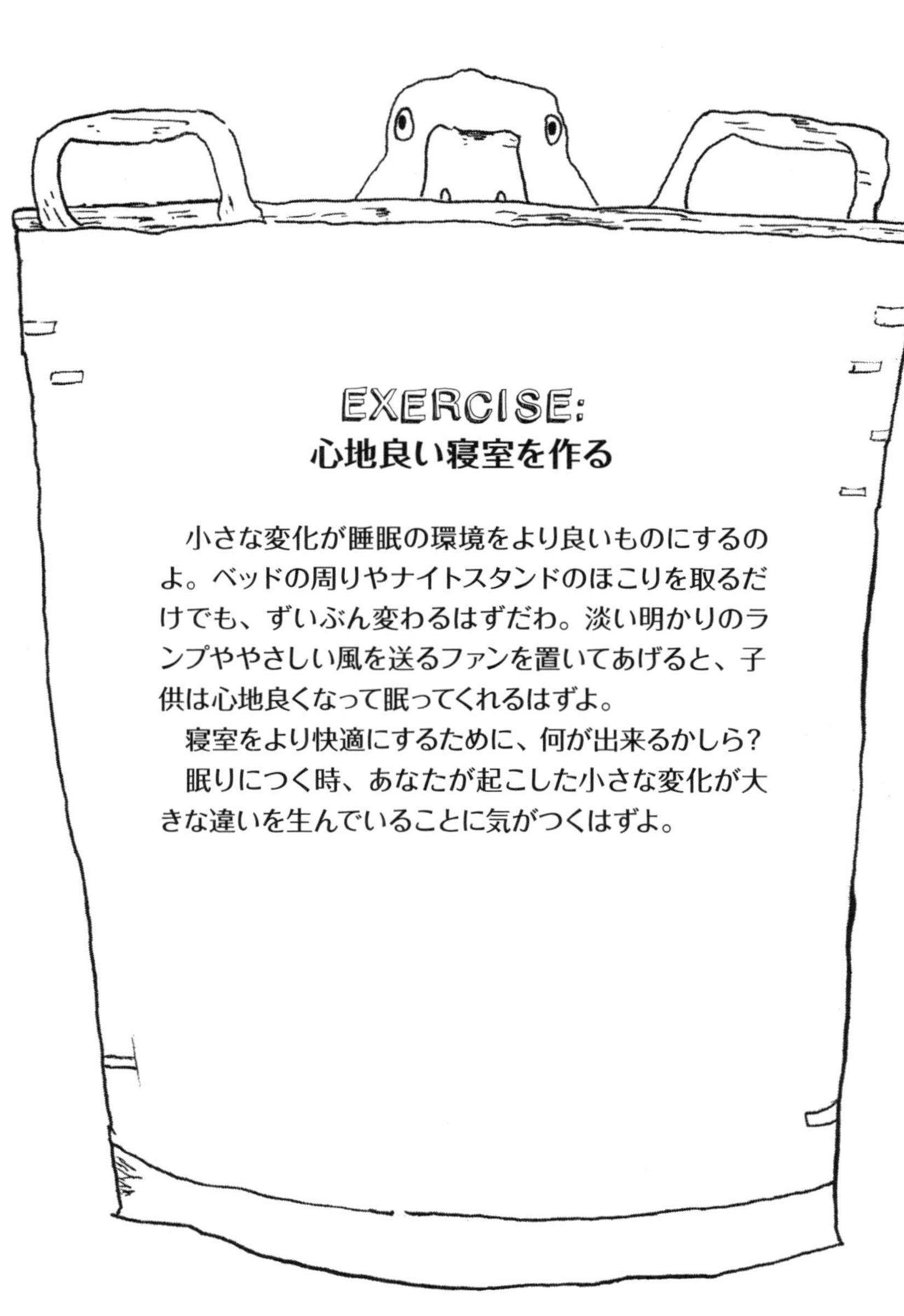

EXERCISE:
心地良い寝室を作る

小さな変化が睡眠の環境をより良いものにするのよ。ベッドの周りやナイトスタンドのほこりを取るだけでも、ずいぶん変わるはずだわ。淡い明かりのランプややさしい風を送るファンを置いてあげると、子供は心地良くなって眠ってくれるはずよ。

寝室をより快適にするために、何が出来るかしら?

眠りにつく時、あなたが起こした小さな変化が大きな違いを生んでいることに気がつくはずよ。

楽しい儀式を作る

私が子供の頃、キャメロン家では毎日の儀式を大切にしていました。儀式と言っても、決してかしこまったものではありません。

眠る前にベッドのそばで、「今から夢の国へ探検に出かけるのよ」と母がささやいてくれます。お風呂の時間になると、出来るだけ恐い声を作って「仲良し3人組が来たぞー」と可笑しな歌をみんなで歌いながら入りました。

私が特に好きだったのは、寝る前の読書の時間です。図書館の新しい本を借りてきたり、時にはもう何度も読んだことのある大好きな本を、家族みんなで読むのです。一日の終わりに楽しみが待っていてくれると思うと、幼い私はとても嬉しくなりました。

こういった楽しい儀式を習慣づけることで、子供たちは毎日を穏やかで元気に過ごしていくことが出来るようになります。

モーニングページを毎日の生活に取り入れると、とても効果的な儀式となってくれます。まるで車のワイパーのように私たちの心の窓をきれいにふき取り、何をすべきかが明確にわかるようになります。

あなたの子供がまだ小さいならば、その子を片腕で揺すりながら、モーニングページを書かなければいけないことはもちろんわかっています。それより少し大きい子供がいるのならば、朝からはしゃぐ子供たちよりも早起きして書かなければいけないこともわかっています。

しかし、毎朝のモーニングページをあなたが続けていくことで、家族みんなの習慣になり、よりお互いを尊重し合える関係性を築いていくことも出来るのです。

それから寝る前に、その日、最も楽しかったことを家族で分かち合うことで、お互いに対する感謝の気持ちを育て、和やかな家庭を築いていくことが出来ます。それにより、驚きや発見をすることもあります。

つい先日、若い父親が教えてくれた話です。彼が書いた脚本がついに舞台化され、長い間待ち望んでいた初日を迎えることが出来ました。

「ここまで辿り着くのに何年もかかったんだ。それまで、舞台を実現させるために何が出来るか、毎日考えていたよ」

若い父親は言います。

「舞台は評判が良かったし、著名な人も見に来てくれていてとても興奮したよ。でも、その日の夜、僕が息子と分かち合ったことは全く別のことだったんだ。『目的地がどんなに遠くても、たとえそれが脚本を書いて舞台を制作するような壮大な計画でも、必ず辿りつける日が来る。それを息子に証明出来たこと』がその日、最も素晴らしいと感じたことだったよ。良い父親の見本になることが出来たと思えた瞬間だったんだ」

誕生日や大きなイベントは、楽しくてワクワクするような儀式にするには最適です。誕生日ケーキの火を吹き消した子供に、「あなたのことを愛しているわ」と伝えることが出来ます。それに、行きたいレストランや、好きなメニューを決めさせてあげられます。子供が誕生日プレゼントの包みを開けている時には、「あなたが生まれてきてくれてとても嬉しいわ。この特別な日をお祝いしましょう」と伝えてあげることも出来ます。年に一度の特別な日ではなくても、例えば日曜日にパンケーキの朝食をみんなで囲むことで、子供たちに楽しみと安心を与えられる儀式を作ってあげることが出来ます。

そういったほんの小さな儀式の数々が子供たちに、「あなたと一緒に素敵な家庭を築いていっているのよ。幸せをもたらすものをあなたが運んできてくれているのよ」と伝わっていくのです。

EXERCISE: 小さな儀式を習慣づける

子供の頃、あなたが好きだった儀式はあるかしら?

1.

2.

3.

次に子供と一緒にどんな儀式が出来るかしら?

1.

2.

3.

小さなことで良いのよ。一つ一つの儀式が、きっと親子の間をより縮めてくれるはずよ。

MILK

Lemonade
10¢

第9章 自分らしく生きる力を育む

私たちの勇気が子供に勇気を持つことを、私たちの正直さが子供に正直であることを教えます。そして私たちがすすんで初心者になることが、子供たちに新しいことを始める楽しさを教えます。

完璧を目指さない

子供たちは私たちの行動から学びます。私たちが完璧を目指さずに創作を楽しむ時、子供たちはその姿を見て、私たちと同じように楽しみます。

私たちは、自分の不完全だと思う部分もさらけ出し見せてあげることで、子供たちに失敗を恐がらないことを教えることが出来ます。

どんなに才能があっても、何かを極めるためには長い道のりを歩いていかなければなりません。でこぼこで浮き沈みのあった私たちの道のりを、子供たちに見せてあげましょう。

不完全な自分を子供に見せることは、自分を信じて何度でも挑戦する勇気を、子供たちに教えてあげることになります。

どんな人の人生にも浮き沈みはあります。夢を叶えた人は失敗をしなかった人ではなく、失敗をしても何度でも立ち上がり挑戦した人のことです。間違いを正し、失敗をすることを恐れずに前に進むことが大切なのです。

子供たちは、若くして輝かしい成功をしているスポーツ選手を、毎日のようにテレビで見ています。しかし、子供たちは彼らの完璧な姿しか見る機会がなく、そこまでに至る平坦ではない道のりを知ることはありません。

新しいことを始める時、完璧を求めるよりも、楽しんでやる方がストレスなく続けていくことが出来ます。子供たちにはプレッシャーを与えることなく、楽しむことを教えてあげてください。テレビの中の、『完璧なスポーツ選手』になることだけがゴールではないのです。

完璧を目指すことは、まるで砂漠に浮かぶ蜃気楼のオアシスを追いかけるようなものです。それは近くにあるように見えるけれど、決して辿り着けることはありません。

完璧を追い求めることで、細かいところばかりが気になり始め、視野は狭くなり前に進むのが困難になっていきます。

小説を書き始める前に、素晴らしい作品になるかどうか考えたり、楽器を弾く前に最高の演奏が出来るどうか悩んだりしていると、新しいことへ挑戦する喜びさえも失ってしまいます。

道は前に進むだけではなく、後ろに戻っても良いのです。自由に創作に打ちこみ、あとでじっくり手直しをするアーティストほど、たくさんの作品を生み出していきます。納得のいく線が出来るまで、描いたり消したりしていると、紙がやぶけてしまいます。そんな子供たちを見かけたら、止めてあげる必要があります。

完璧を追い求めるのは、最高を目指すことではなく、「私はこのままでは充分ではない」という不足の思いから来ているのです。そんな時は一度立ち止まって、ゆっくり深呼吸してみてください。私たちはありのままで充分素晴らしいことを思い出せるでしょう。

EXERCISE: 道のりを楽しむ

次の空欄を3回埋めてみて。

もし完璧にやらなくて良いなら＿＿＿＿＿＿＿＿＿＿＿＿＿をやってみたい。

もし完璧にやらなくて良いなら＿＿＿＿＿＿＿＿＿＿＿＿＿をやってみたい。

もし完璧にやらなくて良いなら＿＿＿＿＿＿＿＿＿＿＿＿＿をやってみたい。

その中から1つ選んで、子供の前でやって見せてあげて。上手く出来るかなんて気にしなくて良いのよ。

次に、子供に、『今までやったことのないこと』を3つ聞いてみて。

1. ＿＿＿＿＿＿＿＿＿＿＿＿＿＿＿＿＿＿＿＿

2. ＿＿＿＿＿＿＿＿＿＿＿＿＿＿＿＿＿＿＿＿

3. ＿＿＿＿＿＿＿＿＿＿＿＿＿＿＿＿＿＿＿＿

子供が小さな一歩を踏み出せるように、あなたが手伝えることはあるかしら？

もし子供が、「映画監督をやってみたい」と言ったら、あなたの携帯電話やデジカメで短い映像を撮らせてあげて。

このエクササイズを通して、あなたも子供も、『不完全』であることの楽しさを見つけることが出来るはずよ。

「大丈夫」の境界線

水道工事の人が1時間遅れて来ても、ベビーシッターが来られなくなっても、頑張って作った料理を子供や夫が食べてくれなくても、私たちは、「大丈夫」と自分に言い聞かせます。「大丈夫」という言葉の裏側にある声に耳を傾けてみてください。本当に、「大丈夫」だと感じていますか？　それとも、イライラする、私の状況を分かってくれない、敬意を払われていない、やる気を失った、などと感じていますか？　このように、「大丈夫」という言葉にはさまざまな感情が隠れています。その声に気がついてあげてください。

モーニングページは、私たちの心の中にある批判的な声をしずめ、かわりに祝福、好奇心、喜び、夢を育む場所を与えてくれます。モーニングページに間違った書き方はありません。好きなように思ったことを書けば良いのです。書くことで、頭の中がすっきりし、考えが整理されていきます。

モーニングページを続けていくうちに、今まで自分の押さえていた気持ちを外に出すことも出来るようになります。そして、より正直に、より正確に、自分が本当はどう感じているのかを見極めていけるようになります。

「あなたが遅れてきたからすごく困ったのよ」と水道工事の人に言い、「あなたが来られないのなら、他の人に頼むことにするわ」とベビーシッターに言うことも出来ます。自分の感じていることを正直に相手に伝えることで、私たちは、「大丈夫」の境界線を見つけていきます。

私たちの多くは、子供のために自分を犠牲にしなくてはいけないと考えています。しかしこれは真実ではありません。私たちがより自然でいる方が、子供たちとも良い関係を築いていくことが出来ます。

ドミニカがまだ小さかった頃、私はおもちゃをたくさん置いたプレイサークルの中でドミニカを遊ばせながら、映画の脚本を書いていました。

そして本当は聞きたくない子供向けの歌を延々とかけ続け、ドミニカを安心させせようとしていました。

ある日、私は突然、もうこれ以上耐えられないと感じました。そこで、ローリングストーンズのブラウンシュガーという曲をかけ、「これがママの本当に好きな曲よ!」とさけび、踊りました。ドミニカは最初、口を開けたまま私を見つめていましたが、そのうちに一緒になって楽しそうに踊り始め、「私も好き!」とさけびました。

心の声に正直になると、私たちはとたんに安心感に包まれます。自分が本当は何を感じ、どう思っているかがわかると、自分に自信が持て、子供たちにも思いやりを持って接することが出来るようになります。

抱えきれないたくさんの感情を、「大丈夫」という一言ですませていると、自分を見失いコントロール出来なくなってしまいます。私たちが正直に自分の気持ちを表現する時、子供たちも正直でいようとつとめてくれます。

子供たちは、成長するにつれて自分の境界線に気がつき、感情を言葉にし始めます。私たちは子供たちの意見をよく聞いてあげる必要があります。ブロッコリーは食べたくないと言ったり、買ってあげた本をやぶってしまったりすることもあります。それらはあなたにとって、都合の悪いことかもしれません。

しかし、私たちが自分の感情を押しこめていたくないと思うように、子供たちも新しく芽生えた自分の気持ちに正直でいたいと思っています。その思いに気がつくことで、私たちに反発する子供たちにやさしく接してあげられるようになります。

子供たちに自由に表現させてあげると、私たちは一つ一つ違う雪の結晶のような子供たちの個性を発見していくことが出来ます。

もちろん、子供たちが成長していく中で、コントロールしなければいけないこともあります。しかし、子供たちが表現するために安全な場所を作ってあげることで、子供たちは自分のことをより深く知っていくことが出来るのです。

EXERCISE:
自分の正直な気持ちを知る

次の5つの空欄を素早く埋めてみて。

正直に言うと、私は今、＿＿＿＿＿＿＿＿＿＿だと感じている。

正直に言うと、私は今、＿＿＿＿＿＿＿＿＿＿だと感じている。

正直に言うと、私は今、＿＿＿＿＿＿＿＿＿＿だと感じている。

正直に言うと、私は今、＿＿＿＿＿＿＿＿＿＿だと感じている。

正直に言うと、私は今、＿＿＿＿＿＿＿＿＿＿だと感じている。

このエクササイズで、今までためこんでいた不満やいら立ちなど、あなたの思っていることを外に出してあげられるわ。

これからは、「大丈夫」と言う前に、本当はどう感じているのか自分に聞いてみてあげてね。

間違いから学ぶ

「実際のところ、子供の創造力は、教育では計り知ることが出来ないほど偉大なものなのです」

芸術教育分野の第一人者、ラッセル・グラネットは言います。

「私たちが、創造力を存分に発揮し、世の中に貢献していけば、子供たちは新しい考え方やものを生み出していけるようになります。私たちが、『自分はアーティストではないから』と創造力を使わないでいるのは、怠けていると言わざるを得ません。あらゆる困難な場面での解決策はいつも創造力を必要とし、私たちはそれを子供たちに教えていかなければいけないのです」

ラッセル・グラネットは続けます。

「親は、子供の学校生活をサポートしなければならず、多くのプレッシャーを抱えていることもよく分かっています。しかしだからこそ、創造力が全ての始まりなのだということを子供たちに教えていかなくてはいけません」

彼は、子供たちの創造力の成長を妨げている教育の問題点も指摘します。

「テストで良い点をとらなくてはいけない、という考えが親や先生、そして子供たちに、大きなプレッシャーとしてのしかかっています。7歳くらいからすでに、子供たちはそのプレッシャーを感じ始めます」

子供たちは良い成績をとらなければいけないと思い、いつも正しい答えを導き出そうと必死になります。それにより、間違いから学ぶ機会を奪われてしまうのです。しかし、間違いはとても価値のあることであり、私たちは間違いから学んでいくのです。

ラッセル・グラネットは言います。

「学校では、子供たちを、『創造力のある子供』と『勉強が出来る子供』という二つのカテゴリーに分けています。一見、効率的な分け方にも見えますが、全く現実的ではありません。これは、創造力のある子供は勉強が出来ず、勉強が出来る子供は創造力がない、と言っているようなものなのです」

子供たちは小さな頃から、たくさんの宿題やスケジュールに追われ、テストの点数を気にしながら、ひどく疲れ睡眠不足におちいっています。良い学校に進学するため、プレッシャーを感じながら、情熱を感じない勉強を必死になってこなします。周りの子供たちに勝つためだけに努力するようになり、何かを学ぶことの喜びを見い出せなくなっていき、授業が終わるまであと何分かを数え始めます。

『最小限主義者の子育て』の著者であるクリスティン・コーは言います。

「学問の方が創造性より重要視されているのは、とても悲しい現実です」

子供たちが創造力を思う存分使って、『間違った答え』を導き出した時、大人たちはそれを正します。それは、自分を表現するな、と言っているようなものです。そういったことが子供たちに恥ずかしい思いをさせます。そして、自分は不十分だと感じ、もっと認めてもらおうと、興味のない勉強を熱心にするようになってしまうのです。


時に、子供たちの創造力を育める学校に、巡り会えることもあります。

自分の主張が強かったオードリーは、みんなとは合わず、学校になじめないでいました。

「私は自分の意見をはっきり言うから、学校では、『生意気なやつ』って言われていたの」

オードリーが小学校2年生の時に、家族で引っ越しをすることにしました。それは、今までの生活や友達と離れることを意味していました。しかし、新しい学校で彼女は自分の個性をのびのびと発揮出来る場所を見つけたのです。

「ありのままの私を認めて、受け入れてくれる先生たちに出会ったのは初めてだったわ」

オードリーは言います。

「新しい学校では、勉強だけではなく、私の創造性も見てくれるのよ。それからは、自分を表現して夢を追いかける自信がついていったわ」

新しい学校でオードリーは、ずば抜けた成績を残し、今では芸術の分野で活躍しています。

「オードリーにはバランスの良い学校生活を送ってほしいと思っていたの。前の学校では、オードリーの個性を伸ばしていけなかったわ。だから新しい学校に行かせて本当に良かったと思っているの」と母親は言います。

子供の創造性を開花させることは、必ずしもアーティストになることを意味しているわけではありません。しかし、子供たちがより自分らしくいられれば、成長した時、自分の望む仕事につくことも出来るのです。

もし学校が創造力を育む環境になければ、私たち親がその機会を見つけなければいけません。

インディアナポリスに住む二児の母親であるナンシーは言います。

「私たち親が子供の創造力を育んでいかなければいけないのよ。そのためにはお金がかかることもあるわ。でも、地元の野球チームや地域の演劇に連れていくのは、そんなに大変なことじゃないでしょ。学校でも家でも創造力をはばまれるなら、子供たちは一体どこで自分の可能性に気がつくことが出来るっていうの？」

良い成績を残すために多くのプレッシャーを抱えている子供たちの創造力を伸ばしていくことは、私たちが急いで取りかからなければいけない課題です。

幼い頃から子供たちに評価を下していくことは、あまりにも残酷なことです。そして、子供たちの創作したものや努力を笑うことも決してあってはなりません。

そして、私たちが自分で何かを創作する姿を見せることで、子供たちのお手本となり、創造力は楽しいだけではなく、人として必要不可欠なものなのだと示していくことも出来るのです。

Homemade Fig Jam

EXERCISE:

子供から教わる

あなたよりも子供の方がよく知っていることを3つ見つけてみて。

1.

2.

3.

この中から1つ選んで、それについて子供に教えてくれるよう頼んでみて。批判したりせず子供の『良い生徒』になってあげてね。あなたの熱心な姿に子供たちは夢中になって色々なことを教えてくれるはずよ。

それが終わったら、「色んなことを知っているのね。あなたから学びたいことがたくさんあるわ」とやさしく言ってあげると、子供は自信を持って、自分のことを表現するようになるわ。

押し入れの中やベッドの下を見て、「ママ、何かいるよ」、と子供が夜中に泣くことがあります。そんな時、私たちは、「パパとママがいるし、ぬいぐるみもあなたと一緒にいるわ。安心して良いのよ」と言ってあげることが出来ます。

しかし、子供たちがいわれのない批判を受けた時、私たちは子供たちの傷をいやすために、よく考えて対処しなければいけません。子供の表現を侮辱する人に注意しておく必要があります。

批判という魔物

私たち自身が非難してしまった場合、すぐに対処しなければいけません。

「歌うのをやめて！　イライラするわ」とあなたが子供に言ってしまったことに気がついたら、こうつけ加えてください。

「ごめんね。あなたの声は魅力的だし、もっと歌ってほしいと思っているのよ。でも歌声が大きすぎて、電話の声が聞こえなくなってしまったから、少しだけ抑えてほしかったの」

子供の頃を振り返り、自分を表現しようとしたら、誰かに非難され、馬鹿にされたと思ったことはありますか？　傷をそのままにしておくと、決していえることはなく、親になった時、子供たちの創造性をはばんでしまうことがあるのを覚えておいてください。

「母はとても美しかったわ」

ホリーは言います。

「背が高くて、細くて魅力的だったわ。それだけじゃなくて、マナーや礼儀も身につけていて、私たち娘にもそうなってほしいと願っていたのよ」

ホリーの姉は、美しい褐色の髪の毛にほっそりとした体つきをしていて、母親によく似ていました。しかし、ホリーは体操競技の選手だった父親に似て、姉よりも30センチほど背が低く、ブロンドの髪の毛にがっしりとした体つきをしていました。

「姉とはまるで違うことに、早くから気がついていたわ。姉は5歳の頃からバレエを始めていたの。だけど、私の体はバレエ向きではないと感じていたから、お父さんのように体操競技をしようと決めたのよ」

ホリーは言います。

「それから、私はたくさん練習して、10歳の時には私より年上の子たちが出る大会に参加していたわ。そんな自分を誇らしく思っていたけど、姉がパーティーで着ているようなきらびやかなドレスは似合わないってことも分かっていたの」

ホリーは続けます。

「だから、自分で服を作り始めたのよ。自分を表現する新しい方法を見つけることが出来て、私はとても嬉しかったの。でも、母はちょっと変わった私の服をあんまり良く思っていなかったみたい」

そしてホリーは、とても傷ついた日のことを思い出します。

「家でパーティーを開いた時、叔母と従兄弟たちが来ることになっていたの。私は初めて大会で優勝したあとだったから、みんなにトロフィーを見せるのが待ち遠しくてしかたなかったわ。私は自分で作った服でおめかしして、スキップしながらリビングに下りていったの。でも、母はそんな私を見るやいなや、『人前でそんなみすぼらしい服を着てこないでちょうだい』って叱ったのよ」

ホリーは続けます。

「それから、姉と同じようなピンクのフリルがついたドレスに着替えさせられたわ。すごく着心地が悪かったけど、なんとか可愛く見せようと思って、自分で作ったブレスレットを腕にはめたの。叔母と従兄弟たちが家の前に車をとめるのが見えたから、私と姉はお出迎えをしてあげようと、玄関で待っていたの。そうしたら、叔母が私たちを上から下までジロジロ見回すと、母の方に向き直って、『お姉ちゃんだけは、あなたの容姿とセンスを受け継いだみたいね』って言ったのよ。とても屈辱的な気分だったわ。その日、私は誰とも口をきかなかったし、トロフィーも見せなかった」

大人になったホリーは、その時に撮った写真の中の自分を見ながら、「私はとっても素敵だったのよ」と悲しそうに言います。

「父のような美しいアスリートの体型よ。だけど、母や姉と比べられて、とても居心地が悪かったわ。自分で作った服を着ている写真を見ると、私らしさを感じるのよ。でも、みんなそれを良く思っていなかった。私は自分のことを恥ずかしいとさえ感じたわ。出来ることなら時間を巻き戻して、あの頃の私に、『とっても美しいわ』って声をかけてあげたい」

悲しいことに、ホリーのような話はよくあることです。マットの上では堂々とした演技を見せるホリーも、自分らしくないドレスを着たままでは縮こまってしまいます。姉とは違う容姿と、自分で作った服を侮辱されたことにホリーはとてもショックを受けました。

「あの日、私はいなくなりたかった。それが、ただ一つの望みだったわ」

自分の表現を、見当違いに侮辱されたり批判されたりすることで私たちは、「注目されるのは危険だ」と思い始めてしまいます。

私たちの多くは、夢を持つことを恥ずかしく感じています。そのために、子供たちが創造力を発揮して夢を追うことを恐れるのです。

私たちは勇気を持って、見たくない自分の一面を見なければいけません。そうでなくては、ずっと小さな箱の中に閉じこめられたように感じ、子供たちを励ましていくことが出来なくなってしまうのです。

私は必ずしも批評が悪いと言っているわけではありません。洞察力のある意見は、私たちに気づきをもたらし、力強く前進させてくれます。それが本来の批評のあるべき形です。陰で笑い、あら探しをする批評は、人を操るための行動です。誰かを侮辱するのは自分が侮辱されるのをさけるためにしているのです。

子供たちが侮辱や批判を受けた時、私たちはしっかりとサポートしなければいけません。否定的な周りの声に流されないでください。批判を完全にさけることは出来ませんが、だからこそ、批判をされた時にすべき行動がいくつかあります。

・大好きな曲を聴いたり、運動をしたり、心が明るくなるようなことをする。
・批判された人を大きな愛情で包んであげる。
・批判された内容をよく考えてみる。それは、あなたに何を思い出させますか？　批判してきた人についてどんなことがわかりますか？　批判は、された人よりも批判した人のことを言い当てています。
・新しい創作に取りかかる。絵が奇抜すぎると批判されたなら、それよりもっと奇抜な絵を描きましょう。創造力は批判に対する最も強力な処方箋となるのです。

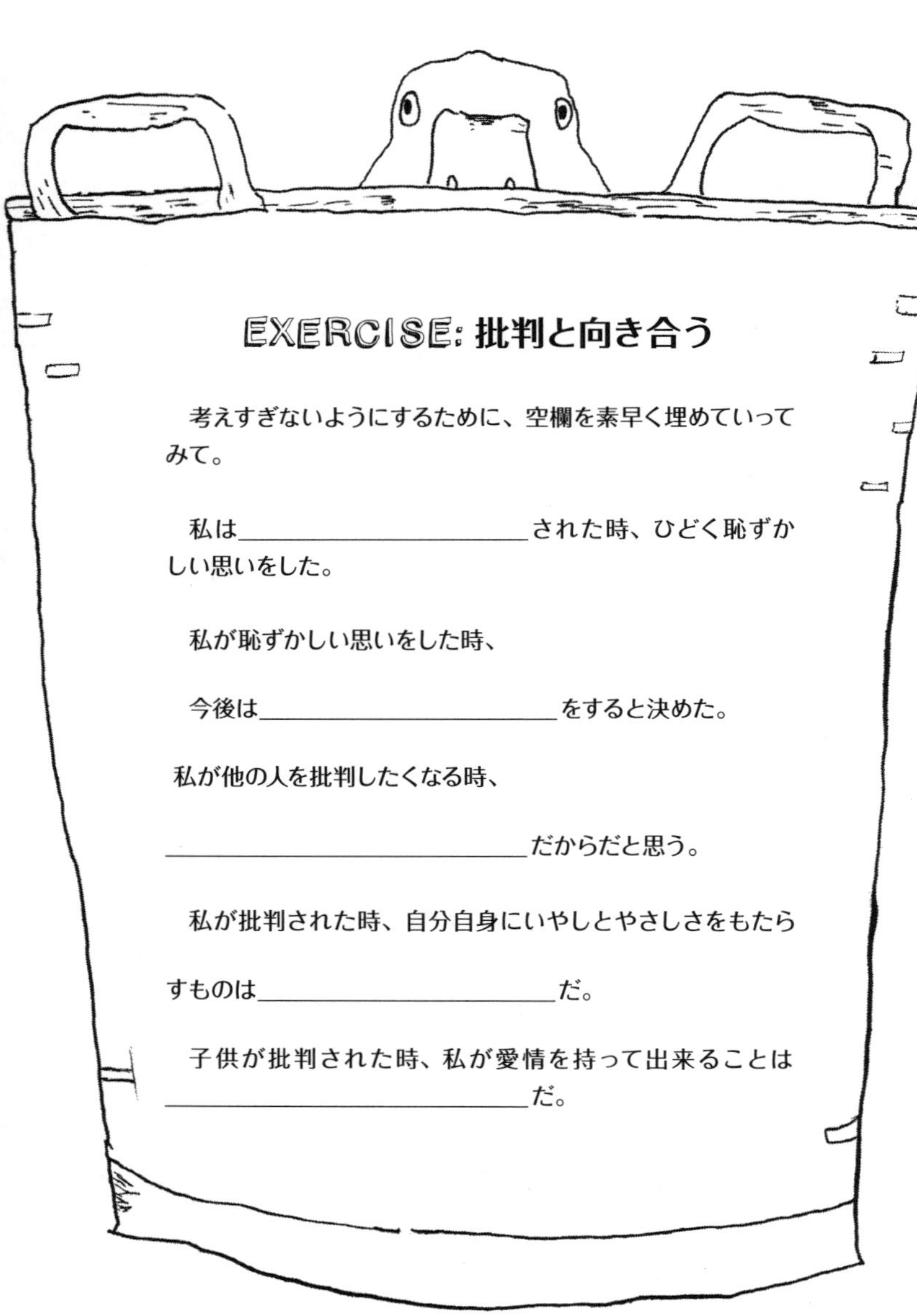

EXERCISE: 批判と向き合う

考えすぎないようにするために、空欄を素早く埋めていってみて。

私は＿＿＿＿＿＿＿＿＿＿＿＿＿＿＿された時、ひどく恥ずかしい思いをした。

私が恥ずかしい思いをした時、

今後は＿＿＿＿＿＿＿＿＿＿＿＿＿＿＿をすると決めた。

私が他の人を批判したくなる時、

＿＿＿＿＿＿＿＿＿＿＿＿＿＿＿＿＿だからだと思う。

私が批判された時、自分自身にいやしとやさしさをもたら

すものは＿＿＿＿＿＿＿＿＿＿＿＿＿＿＿だ。

子供が批判された時、私が愛情を持って出来ることは

＿＿＿＿＿＿＿＿＿＿＿＿＿＿＿＿＿だ。

第10章 自分らしさを育む

挑戦した結果を他の人と比べることなく、自分のものさしではかることで、心地良くいられる、『ちょうど良い大きさの自分』を見つけることが出来ます。子供たちをほめるのは素晴らしいことです。しかし、限度をこえると、完璧を目指し始めたり、競争心が芽生え始めたりしてしまいます。

名声という危険な薬

〈名声〉この薬をひとたび口にすると、私たちは心が落ち着かなくなってしまいます。そのうちに、にごった心の声が、「このチャンスを逃したら、もう次はないよ」とささやいてくるようになります。

テレビをつければ、大成功を収めた人たちが映し出されます。ハリウッドの俳優と自分を比べ始めたら、たちまち、「彼らのようになれるものか」とまだ何かを始めてもいないのにあきらめてしまいます。または、有名だけれど、自分よりも才能がないと感じる人を見て、「こんなの不平等だわ。彼女は私よりも劣っているのに、成功しているなんて。まぐれのチャンスが転がりこんできただけじゃない」と考えてしまいます。

こうした思いによって、何をやっても無駄と考えるようになり、行動を起こさない自分に対する言いわけとなっていきます。

今朝、私の友人が電話をしてきました。彼女は今、離婚調停中で、もうすぐ一児の母になります。彼女はこれからのことについて不安を感じていて、この状況から目をそらそうとしていました。

「私、本を書こうと思っているの」

彼女は電話ごしに言います。

「それか、映画の脚本とか。大ヒット作を書かなくちゃ。そしたらお金もたくさん入って来るし、有名になれるし、何の心配もしなくて良くなるもの」

それを聞いて、私はうなります。「書きたいことを書かなくちゃ」ならば、しっかり地に足がついています。しかし、「大ヒット作を書かなくちゃ」は、足下がおぼつかなくなる気配があります。彼女は、大ヒットする本を書くかもしれません。しかし、初めての執筆にしては、ハードルを高くしすぎていると言えます。彼女は本当に本を書きたいのでしょうか？　それともただ心配から逃れるために、有名になって、お金持ちになりたいのでしょうか？

自分の作品をほめたたえられ、お金持ちになることで、私たちはより休息する時間を持てなくなっていきます。依頼が増え、より多くの作品、より良いものを求められるようになり、「もっと！」という声がプレッシャーを大きくしていきます。

「名声っていうのは副産物なのよ」

私の友人の著作権エージェントは言います。

「私のところに来る人はみんな、名声をほしがっているわ。でもね、名声は作品を作ることで、ごくまれに生まれるものなの。名声を得ることが本来の目的ではないわ。私の仕事はアーティストが良い仕事をするのを手助けして、それに見合った報酬を得られるようにすることなのよ。『君を有名にしてあげよう』なんていう人たちは、お門違いも良いところよね。まるで中身のない約束だわ」

名声にはさまざまな大きさがあります。世界的な名声もあれば、地域のごく小さな名声もあります。名声ばかりに目がくらむと、子供たちの活躍を邪魔することになってしまいます。自分の子供が学校の演劇に参加していることを誇らしく思えず、地域の新聞の記事に自分の子供のことが少ししか書かれていないことや、他の子供の方が注目されていることにやきもきします。

私たちが努力に対してほめ、結果よりも過程をほめることによって、子供たちは自分の可能性を信じて、新たに挑戦しようと思うようになります。コンテストで勝つことをむやみに喜ぶよりも、日々の練習の成果をほめてあげることの方が、子供の意欲をかき立てます。勝利は一時的なもので、それ自体がゴールではありません。

私たちは努力を認めてもらいたいと思っています。しかし、時には認めてもらえないこともあります。周りからの評価にこだわっていると、私たちは決して満足することは出来ません。他の人と自分を比べて、足りない部分ばかりを気にし始め、創作の過程を楽しむ余裕を失ってしまいます。そして、周りの成功がまぶしく見え、自信をなくし、ワクワクしていた気持ちもどこかへ消えてしまいます。名声とは、つかみどころがない上に、しつこく私たちを誘ってくるのです。

私たちが楽しみながら、努力の過程に注目してあげることで、子供たちは自信を持ってさまざまなことに取り組んでいくことが出来ます。一つ一つの小さな行動を積み重ねることで、私たちの心にしがみつく名声の誘惑を振りほどいていくことが出来ます。

子供が学校の演劇に参加する時、それを写真に収め、アルバムを作って一緒に楽しむことが出来ます。良い思い出として、衣装をクローゼットにとっておいてあげることも出来ます。本番の前には、セリフを覚える子供の観客になり、拍手をしてあげることが出来ます。

そういった小さな積み重ねが、子供たちに自信を持たせ、次の一歩を踏み出させる手助けとなるのです。

EXERCISE: 願いごとリスト

名声という危険な薬を口にしてしまうと、自分よりも、周りの意見が気になり始めてしまうの。名声という危険な薬は、『どんなに手に入れても充分に満足することが出来ない何か』に夢中になるよう仕向けてくるわ。この苦しみから自由になるためには、もう一度自分自身に注目を向け直す必要があるの。そのために、自分の本当の願いを知ることが必要よ。

願いごとリストは、最短距離であなたの願いを引き出してくれるわ。
＿＿＿＿＿だったら良いな。この空欄を5回埋めるだけよ。

例えば、マッサージを受ける時間があったら良いな。テラスをみがく時間があったら良いな。新しい車を買うお金があったら良いな。とかね。

願いに大きさは関係ないわ。どんな願いでも良いのよ。

＿＿＿＿＿＿＿＿＿＿＿＿＿＿＿＿＿＿＿＿＿＿＿＿＿＿だったら良いな。

＿＿＿＿＿＿＿＿＿＿＿＿＿＿＿＿＿＿＿＿＿＿＿＿＿＿だったら良いな。

＿＿＿＿＿＿＿＿＿＿＿＿＿＿＿＿＿＿＿＿＿＿＿＿＿＿だったら良いな。

＿＿＿＿＿＿＿＿＿＿＿＿＿＿＿＿＿＿＿＿＿＿＿＿＿＿だったら良いな。

＿＿＿＿＿＿＿＿＿＿＿＿＿＿＿＿＿＿＿＿＿＿＿＿＿＿だったら良いな。

このエクササイズで想像力が働いて、願いが現実になった時の気持ちを感じることが出来るわ。その時、自分の状況と願いの間に垣根はなくなって、理想の状況に近づくことが出来るのよ。

願いを思いついたら、どんどん書き出すと良いわ。願いごとリストを、数週間後、数ヶ月後、一年後と見直すたびに、願いごとリストの多くが、いつの間にか叶っていたというのはよくあることなのよ。

人と比べない

名声という危険な薬が私たちの感覚をマヒさせるように、競争もまた、危険をはらんでいます。競争を意識するようになると、私たちは、過程よりも勝ち負けや、成功、結果を気にし始めます。自分よりも、他人へ注目するようになり、それにより自分の成長の度合いを遅らせてしまいます。逆に言うと、周りの人を気にしていない人ほど、どんどん成長していけるのです。状況を意識することなく、自分のペースを保つことで、私たちの心は満足感で満たされていきます。

これは子育てにも言えることです。私たちは、自分の子供ではなく、周りの子供たちの成長にばかり気を取られてしまうことがあります。それによって、自分の子供を過小評価し、周りの子供たちしか成功出来ないのではないか、と思いこんでしまいます。その上、自分の子育てのやり方にも疑問を持つようになっていきます。

覚えておかなくてはいけないことは、周りの人の人生は、あなたの人生と全く関係がないということです。ましてや、友人の子供の成功が、あなたの子供の成功を奪い去ってしまうこともありません。

私の知り合いのある女性には、才能あふれる兄がいました。彼女は、兄の栄光の影に隠れていたみじめな自分を思い出します。

「兄がまぶしいくらいに輝いて見えたの。だから追いつきたいって思っていたのよ」

兄がピアノを弾けば彼女も弾き、兄が演劇を始めれば彼女も始めました。そして彼女は、ますますその才能の差が広がっていくような気がしていました。

「兄妹なのにまるで違う才能を目のあたりにして、自分に自信をなくしていったの。兄ほど才能のない私が、どうして音楽の道に進もうと思える？　兄が主役のアーサー王で、私はその他大勢なのに、どうやって演劇を極めようだなんて言える？　そんなふうに思うようになっていったわ」

彼女のような話はよくあります。才能のある身近な人を見て、自分を比べてしまうのは、誰もが経験したことがあるでしょう。しかし、必ずしも他人の道が、自分の進むべき道の見本となるわけではありません。

そんな苦い経験を持つ彼女ですが、現在は舞台監督として活躍しています。その他にも、照明や作詞、舞台の衣装作りなどをこなし、時には女優として舞台に上がることもあり、さまざまな方面で創造力を発揮しています。

私は、「どうやって過去の自分を乗りこえたの？」と、彼女に聞いてみました。

「乗りこえたとは言えないと思うわ。でも、ある出来事をきっかけに、他人と比べることなく、もっと自分らしくいられるようになったのよ」

彼女は10歳の夏に、ペンシルバニアの田舎に住む従兄弟の家に一人で訪れました。

「近くに兄がいない環境で、私は心の底から自由でいられたわ。私は兄と比べられてきたし、両親の目から離れることなく育てられてきたのよ」

彼女は、そこで地域の演劇に参加した時のことを思い出します。

「演劇の練習のために、私は従兄弟の家から劇場まで、毎日歩いて通っていたの。その道のりは誰にも干渉されることがなくて、なんだか自立した大人の女性って気分だったわ。ペンシルバニアで過ごした夏は、私に人と比べないで生きる気軽さを教えてくれたのよ」

人と比べてばかりいることは、私たちの創造力の泉に競争という名の毒を注いでいるようなものです。結果を気にして、その道のりを楽しめなくなってしまうのです。

わたしたちは人と比べることなく、子供たちの努力をほめていく必要があります。そうすることで、子供たちは自分の行動に自信を持ち、周りの人との調和もとれるようになるのです。

EXERCISE:
次の一歩を踏み出す

あなたが考える必要があるのは、いつでも次の一歩だけよ。あなたが周りの人の行動に目を奪われているなら、自分のすべきことから、目をそらしたくなっているということだわ。

次の空欄を埋めてみて。

私は自分のやるべきことに集中出来ていない。なぜなら、

あの人の＿＿＿＿＿＿＿＿＿＿＿＿が気になっているからだ。

私がさけている行動は＿＿＿＿＿＿＿＿＿＿＿＿だ。

なぜなら、＿＿＿＿＿＿＿＿＿＿＿＿を恐れているからだ。

このエクササイズは、自分が踏み出すべき一歩を思い出すためのものよ。まだ踏み出せていない理由も見つけ出すことが出来るわ。

それぞれの個性を尊重する

同じ家族でも、当然ながら、子供たちの個性は一人一人違います。私たちは親として、子供たちの似ているところや違うところに気がつくのは自然なことです。しかし、特定の子供を、「音楽が得意な子」と決めつけてしまうと、他の子供たちが音楽を始めることもせずに、自分の可能性を見限ってしまうことがあります。

子供たちの間で競争をさせないために、同じことをやらせないようにするのは、子供たちの選択の幅をせばめてしまうことになります。

年長の子供をクラリネットのレッスンに通わせたからといって、他の子供たちは別のものを選ばなければいけないわけではありません。同じように、年長の子供がサッカーを習っているからといって、他の子供たちも習わなければいけないわけでもありません。

子供たちそれぞれに、自由に好きなことを選ばせてあげることで、みんなが競争することなく成長していくのを励ますことが出来ます。

私の仕事仲間であるマイケルは、４人兄妹の中で育ちました。

「楽器を演奏する、スポーツのクラブに参加する、良い成績を目指すっていうのがうちの家族のルールだったから、みんな従っていたよ。でもそれ以外は、年齢も離れているし、てんでバラバラだったな」

大人になったマイケルの兄妹は、それぞれ別々の道を選び、大学教授や看護婦、映画の脚本家など、個性を生かした仕事をしています。

「確かに、うちの子供たちはみんな似ているところもそんなになかったし、それぞれ違った個性を持っていたわ」

マイケルの母親が言います。

「スポーツが上手な子供もいれば、大嫌いな子供もいる。音楽に熱心だったのは一人だけだったけど、他の子供たちもそれなりに楽しんでいたわ。親として、それぞれの子供の才能と興味を励ましていけたことは良かったと思っているの」

子供たち一人一人の個性を生かし、それぞれが望んだ道を歩ませることが出来たのは、とてもまれな例です。私はそのことを彼女に伝えました。

「まれかどうかは分からないけど、親として子供たちそれぞれの個性を伸ばしていかなければいけないって思っていたの。兄妹だからって、同じことをしたがっているとは限らないものね。それに、個性を無視していると子供たちは、『自分ではない誰か』になっていってしまうわ。」

母親は続けます。

「もちろん兄妹げんかもあったわ。それでも、互いに尊重する気持ちがあったから、信頼関係を築いていけたのね」

一人一人がお互いを信頼し、それぞれの情熱や興味を尊重してあげることで、みんなが個性を伸ばしていくことが出来たのです。

親である私たちがそれぞれの個性を受け入れてあげることで、子供たちみんなも、自分らしく行動しながら、お互いの考え方や希望を理解してあげられるようになるのです。

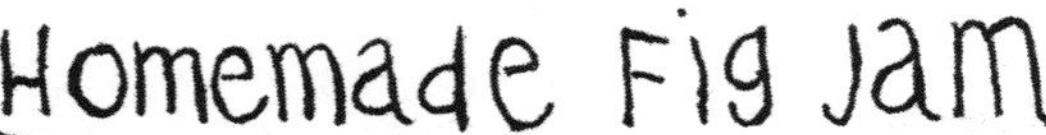

EXERCISE:

プレゼントをあげる

　プレゼントをあげたい人を、子供と一緒に考えてみて。

　ただ一つのルール、それは手作りのものをあげること。詩、歌、絵なども良いわね。兄妹同士でお互いにプレゼント交換をするのなら、どの子にもプレゼントが行き渡るように手伝ってあげてね。

　クリスマスにプレゼント交換をするのも素敵だわ。クリスマスツリーの周りには、プレゼントとともに家族の思い出もいっぱいになっていくもの。

プレッシャーを与えない

子供たちはさまざまなプレッシャーを感じています。一流大学に入れるよう、小さな頃から多くの宿題をこなし、家では家庭教師をつけられ、『もっと出来る子供』に育つように教育されています。そして、『もっと出来る子供』になると、さらにたくさんの、『もっと』を要求されるようになり、終わることのない期待が、子供たちの肩にのしかかっていきます。

まだ基礎を身につけている段階から素晴らしいバイオリニストになることを期待されると、子供たちはその過程を楽しむことが出来なくなります。そして、『まだ素晴らしくない自分』は、周りの人たちを落胆させてしまっているのではないかと考え始めてしまいます。

クリスティーンはマンハッタンで育ちました。両親は一人娘に最高の人生を手に入れてほしいと思っていました。そのため、クリスティーンを小学校から高校まで一流の学校に通わせました。それからたくさんの作家にも会わせ、クリスティーンの尊敬している作家に彼女の小説を見てもらったりしました。高校生の時には、彼女が書いた短編が有名な雑誌に掲載されたこともありました。

クリスティーンは、これまでを振り返って話してくれます。

「両親にはとても感謝しているわ。恵まれた環境に囲まれてラッキーだったとも思っているの。たくさんのチャンスが目の前に転がっていたのよ。でもそれは、両親のコネによるもので、私の才能のおかげではないの。なんだかものすごい早さで大人になっていった気分だったわ」

現在、クリスティーンはスポーツジムでトレーナーをしながら作家としての仕事も探しています。

「自分自身にすごくプレッシャーをかけてしまうの。毎日、絶対に辿り着くことのない想像上のゴールを目指している気分なのよ」

クリスティーンは私のクラスで創造力を回復するプログラムに取り組んでいます。その中で、『成功しなければならない』という思いが彼女にプレッシャーを与え、自分が新しいことに挑戦するのをためらっているのに気がつきました。

「私はまだ26歳なのよ。でも、何かを始めるにはもう遅いって感じるの。みっともない姿を誰にも見せたくないから」とクリスティーンは言います。

子育てをする中で、私たちはどんな言葉を使い、どんなメッセージを子供たちに伝えているか、注意深くいなくてはいけません。

子供たちは新しいことを始める時、人目を気にしたり、みっともなく見える心配などしていません。私たちのすべきことは、この状態を出来るだけ長く保ってあげることです。

外からのプレッシャーが子供たちにのしかかろうとする時、子供たちを守ってあげてください。そして何を成しとげるかに関わらず、子供たちは何ものにもかえられない価値があり、愛されるべき存在だということを思い出させてあげる必要があります。

フィラデルフィアで、日系二世の両親に育てられたエリックは、子供の頃に感じた成功へのプレッシャーについて話してくれました。

「成績だけじゃなくて、どんなことでも上手く出来なきゃいけなかったんだ。幼い頃から僕はピアノを、兄はゴルフを習っていたよ。両親はとても厳しくて、僕らのスケジュールをすみからすみまで管理していたよ。朝5時に起きて夜10時には就寝。ピアノを練習し、ランニングして、山ほどある宿題もこなしていた。それから学校の他にも色んなことを勉強させられたよ。『努力は必ず報われる』と教わって、良い学校に行かなければいけないとずっと言われてきたんだ」

エリックは続けます。

「僕ら兄弟は、二人とも名門大学のアイビーリーグに入学したんだ。それから兄は弁護士になって、僕は科学の研究者だよ。僕らは創造力を使って仕事をしているかって？　それはなんとも言えないな」

エリックは学歴について話します。

「社会で生きていく上で、高学歴であることは重要だ、っていう風潮があるよね。だけど、それが正しいかどうかなんてわからないな。そう言う僕は過去10年間も一流の大学院にいたんだけどね」

現在、エリックには娘がいます。彼女にどのような道を歩んでほしいかエリックは考えています。

「僕は誰よりもエリートになる方法を知っているし、教えてあげることも出来るんだ。だけど実際、娘が大学に行くかどうかすらどうでも良いことだと思っているよ。娘はまだ7歳なんだけど、もうすでに夢を描いていて、パティシエになりたいって言うんだ。彼女はとても創造力にあふれているし、それをじゃましたくはないよ。もし娘が将来お菓子屋さんを開くことが出来たなら、これほど嬉しいことはないよ。僕が言うのもなんだけど、娘に高学歴が必要だなんて思えないんだ」

子供にプレッシャーをかけずにいることは、親にとって勇気のいるものです。私たちは自分が親から与えられたもの、もしくは与えてもらえなかったものを、子供たちに与えたがります。それは、子供たちに最高のものを手に入れてほしいという願いから来る思いです。

しかし、私たちが本当にすべきことは、子供たちがすでにどれだけうまくやっているかを見てあげることです。それによって、ユニークな感性を大事に思っていることが子供たちに伝わります。

子供に成功することへのプレッシャーをかけることは、私たちが過程よりも結果にこだわっていることを意味しています。しかし過程を一緒に楽しむことこそが、親である私たちの最大の喜びとなるのです。

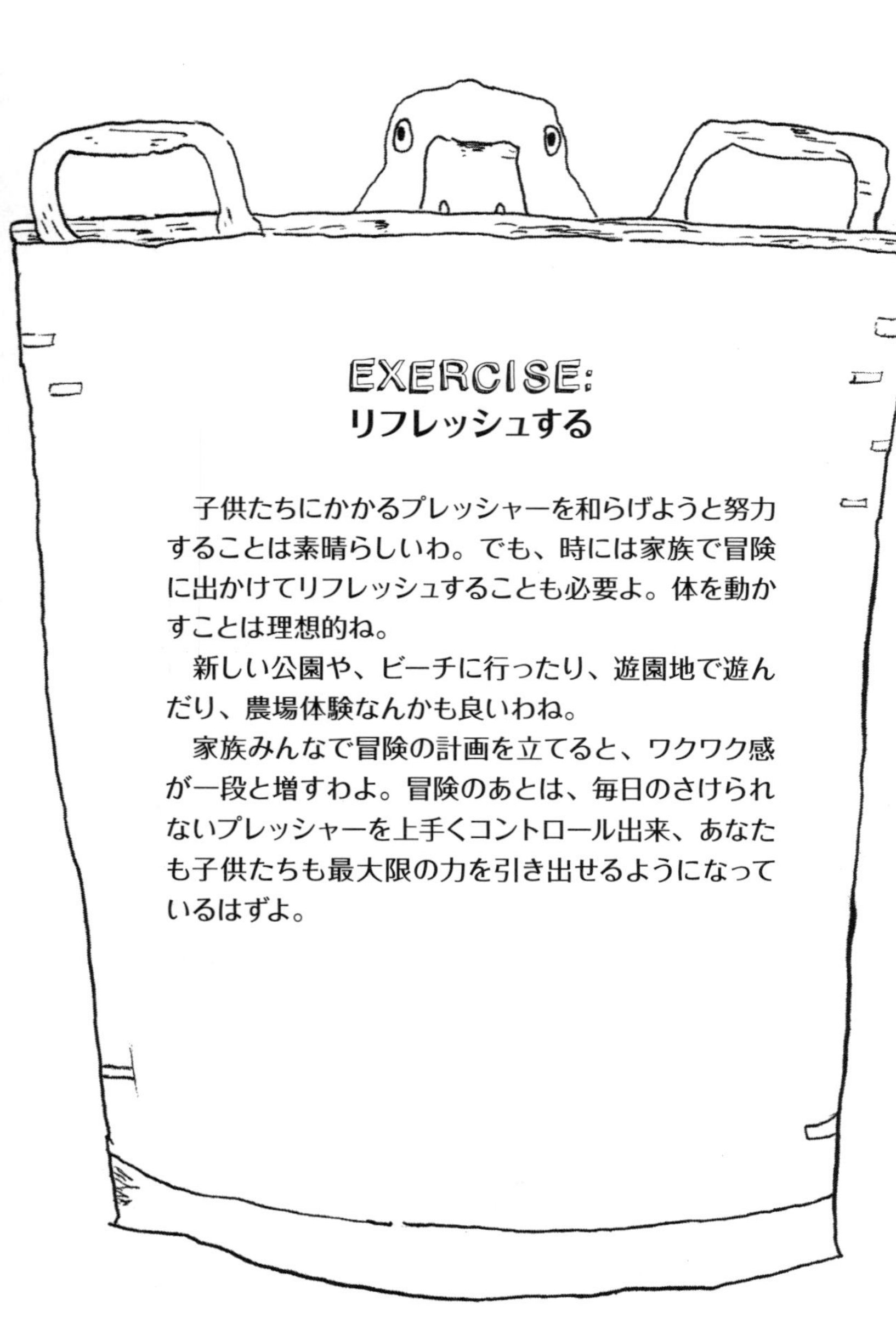

EXERCISE:
リフレッシュする

子供たちにかかるプレッシャーを和らげようと努力することは素晴らしいわ。でも、時には家族で冒険に出かけてリフレッシュすることも必要よ。体を動かすことは理想的ね。

新しい公園や、ビーチに行ったり、遊園地で遊んだり、農場体験なんかも良いわね。

家族みんなで冒険の計画を立てると、ワクワク感が一段と増すわよ。冒険のあとは、毎日のさけられないプレッシャーを上手くコントロール出来、あなたも子供たちも最大限の力を引き出せるようになっているはずよ。

第11章 自立心を育む

私たちが、干渉しすぎることなく見守ってあげることで、子供たちの自立をうながします。私たちのサポートと自立のバランスを保つことで、子供たちは自分らしく成長していくことが出来るようになります。

レッテルをはがす

私たちは、子供たちに否定的なレッテルを貼ろうとする人たちに注意していなくてはいけません。何の気もなしにレッテルは貼られますが、子供たちは何年もの間、はがせずにいることがあります。

ステファニーは6歳から18歳まで、同じピアノの先生に習っていました。その間、彼女は毎週かかさずに、ピアノのレッスンに通い続けました。

ある日、18歳になったステファニーは、ピアノの先生に、大学で演劇をしようと思っていることを伝えました。するとピアノの先生は、「それは驚きね。いつも主役に選ばれているのはお兄さんの方なのに」と言ったのです。

そのことを振り返って、ステファニーは言います。

「こんなに長い間一緒にいた人が、あんないじわるなことを言うなんて信じられないわ。いまだに忘れられなくて、ふとした時に思い出してしまうの」

ステファニーのように、心ないたった一言が忘れられずに、傷をいやせずにいる子供たちは少なくありません。


私たちは、子供たちを安全な環境で育んでいかなければいけません。配慮に欠ける浅はかな言葉は、子供たちの創造力の成長をはばんでしまいます。そうした言葉を子供たちに投げかけるのは、創造力を発揮出来ていない大人であることが多いものです。子供たちのあふれんばかりの創造力に嫉妬し、誤ったやり方で自分を守ろうとしているのです。

私はワークショップで、「自分の創造力を妨げる、子供の頃の最も大きな出来事は何か？」と生徒たちに問いかけることがあります。すると、次々とみんなが発言します。

「『音楽の才能がない』というレッテルを貼られたこと。妹の方が向いているとも言われたわ」、「両親から、無駄なことはやめなさい、と言われたことだよ」、「みんなの前でダンスをしたら笑われたこと」、「線からはみ出して絵の具で色をぬっていたら、美術の先生に怒鳴られたことだね」、「母親が私の描いた絵を批判したこと」、「叔母が私の詩に皮肉を言ったこと」、「ピアノの先生に、『発表会の時は、一音も音を外してはいけない』と言われたこと。そのあと、ピアノもやめてしまったの」、「ママが私を天才だと呼んだこと。私は完璧じゃないといけないと思うようになって、間違いを恐れるようになったわ」……

あとからあとから、みんな口々に言います。誰かが軽々しく言った言葉は、私たちの心の中に深く沈んでいき、創造することに恐れを抱くようになってしまいます。

肯定的、否定的に関わらず、レッテルを貼るのは危険な行為であり、どちらも同じような影響を与えます。怠けものと言われた子供は、恥ずかしさを感じ、天才と呼ばれた子供は、完璧でいなくては、と考え、間違えることを恥ずかしく思うようになります。そのうちに、創作をするとレッテルを貼られ、評価や批判をされるようになる、と思うようになり、創作しないことを選び始めます。創作しないことは、私たちの最も大切な部分である、創造力を否定することです。

私たちは自立しようとする子供たちの創造力を守っていかなくてはいけません。子供たちが自分の創造力に喜びを感じていられるように、そっと見守って信じてあげてください。子供たちはいつでも歩むべき道を歩んでいるのです。

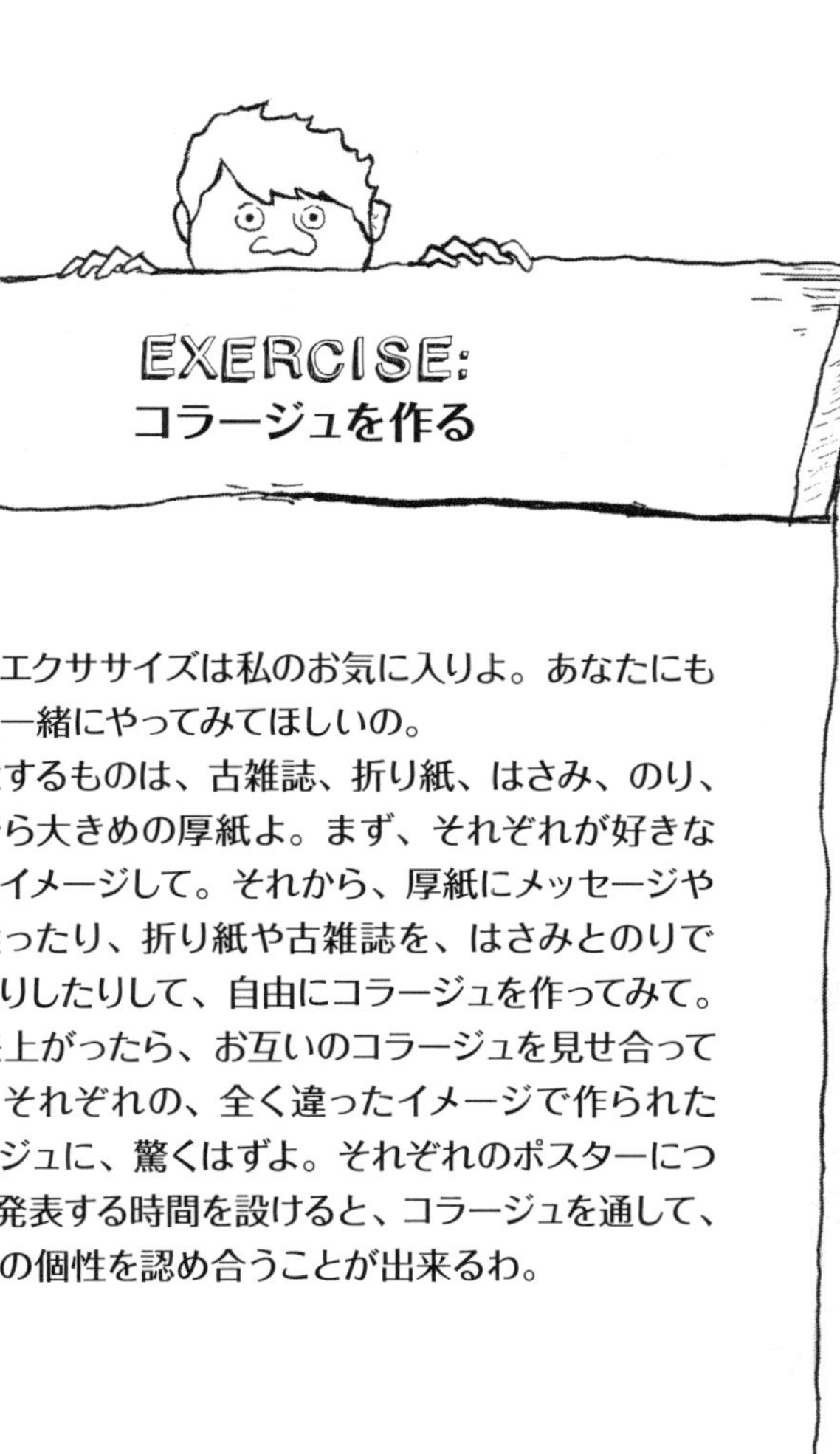

EXERCISE:
コラージュを作る

このエクササイズは私のお気に入りよ。あなたにも子供と一緒にやってみてほしいの。

用意するものは、古雑誌、折り紙、はさみ、のり、それから大きめの厚紙よ。まず、それぞれが好きなものをイメージして。それから、厚紙にメッセージや色を塗ったり、折り紙や古雑誌を、はさみとのりで切り貼りしたりして、自由にコラージュを作ってみて。

出来上がったら、お互いのコラージュを見せ合ってみて。それぞれの、全く違ったイメージで作られたコラージュに、驚くはずよ。それぞれのポスターについて、発表する時間を設けると、コラージュを通して、お互いの個性を認め合うことが出来るわ。

楽しげな反抗、ほど良い距離感

私たちは子供たちに、みんなから愛され、成功し、素晴らしい人生を歩んでほしいと願っています。しかし、それと同時に、子供たちに恥ずかしい思いをさせたり、みっともない思いはさせたりしたくない、と強く思っています。

私たちは日々、肩の力を抜いて、さまざまなことに取り組んでいくことが大切です。子供たちの創造力を育んでいきたいならば、私たちがもっと遊ぶ必要があるのです。

遊び心と少しのいたずら心が混ざった、『楽しげな反抗』は、家族のみんなを、より気楽にさせてくれます。

バレリーは、12歳の娘と8歳の息子の母親です。スーパーのシリアル売り場で、子供たちが必ずおねだりをしてくるのにうんざりしていました。

「砂糖がたくさん入っているシリアルは買わないって言ってるでしょ」

カラフルなシリアルの箱を棚から取ってきては、ねだってくる子供たちにバレリーは言います。

「コーンシロップは?」

娘が聞きます。

「それは砂糖と同じだって教えたじゃないの」

バレリーは答えると、今度は息子が言います。

「でも、朝食にデザートが食べたいんだもん。そしたら、最高の一日になるのに。シリアルなら良いでしょ?」

その時、バレリーは突然ひらめきました。

「じゃあ、もし朝食にどんなデザートも食べて良いなら、それでもシリアルを選ぶ?」

思いもよらない質問に、子供たちは首をかしげながら、答えました。

「だったら、チョコレートケーキが良いな」

「分かったわ。じゃあ、ケーキの材料を見に行きましょうよ」

バレリーが言うと、子供たちは驚いて、目を見合わせました。バレリーは手帳のカレンダーを見るふりをします。

「まあ、明日は特別な日ね。『あべこべの日』って呼ばれているのよ。家ではお菓子は夕食のあとに食べるでしょ? だけど、この日は朝にデザートを食べるのよ。そして、夜に朝食を食べるの」

バレリーは、このアイディアは、自分にとっても楽しいものだと感じ、子供たちに気づかれないように、くすくすと笑いました。

みんなでスーパーを走り回って、食事のメニューを考え、家に帰ると、次の日をワクワクしながら待ちました。

バレリーが約束した通り、『あべこべの日』の朝食はチョコレートケーキでした。

「ちゃんと覚えておいてね。これは一年に一度きりなのよ。すごく楽しいでしょう！」

バレリーは、子供たちに言います。それから、子供たちは毎年、『あべこべの日』が待ち遠しくなりました。少しばかりの創造力による、この、『楽しげな反抗』は、世の中のルールが絶対に変えられないものではないことを子供たちに教えてくれたのです。

「一年に一度くらい、こういう日があってもいいじゃない？」

バレリーは言います。遊び心と少しのいたずら心がもたらす、『ルール違反』は、私たちを、しがらみから自由にしてくれます。『楽しげな反抗』は、創造力にあふれる私たちが持って生まれた、権利でもあるのです。

大人になっても遊び心を持つ人たちは、共通して、「両親が好きなようにさせてくれた」と言います。彼らの両親は、努力を大げさにほめたりはせず、それでいて無関心でもなく、ほど良い距離感で子供たちを見守っていたのです。

子供の頃、アレクサンドラは、夏に学校のキャンプに参加したことを思い出します。最後の日に、校長先生が参加者みんなにお別れのプレゼントとして、木製の星がついたオレンジ色のネックレスをあげました。

「オレンジ色のネックレスは、勇気あるものだけが身につけられるものだよ。だから、これは君のためのものだね」

そう言いながら校長先生は、アレクサンドラの首にネックレスをかけました。

その日から、彼女はオレンジ色のネックレスが大好きになりました。5年生の登校初日には、たくさんの色を組み合わせて、服をコーディネートしました。紫の靴に緑の靴下、赤いシャツに青いパンツ、そして、もちろんオレンジ色のネックレスを首からかけました。

「両親は私のカラフルな服装を見ても、何とも思わなかったみたい。着替えてきなさい、とも言われなかったもの。いつも、私の好きなようにやらせてくれたのよ」と、彼女は言います。

私たちは、時としてルールにしばられてしまうことがあります。それは社会の常識であったり、自分の考え方であったりします。『楽しげな反抗』はそんな私たちの鎖をはずし、自由な発想を生み出してくれます。同じように、私たちがほど良い距離感を保つことで、子供たちはルールにしばられることなく、自分らしくいられるようになるのです。

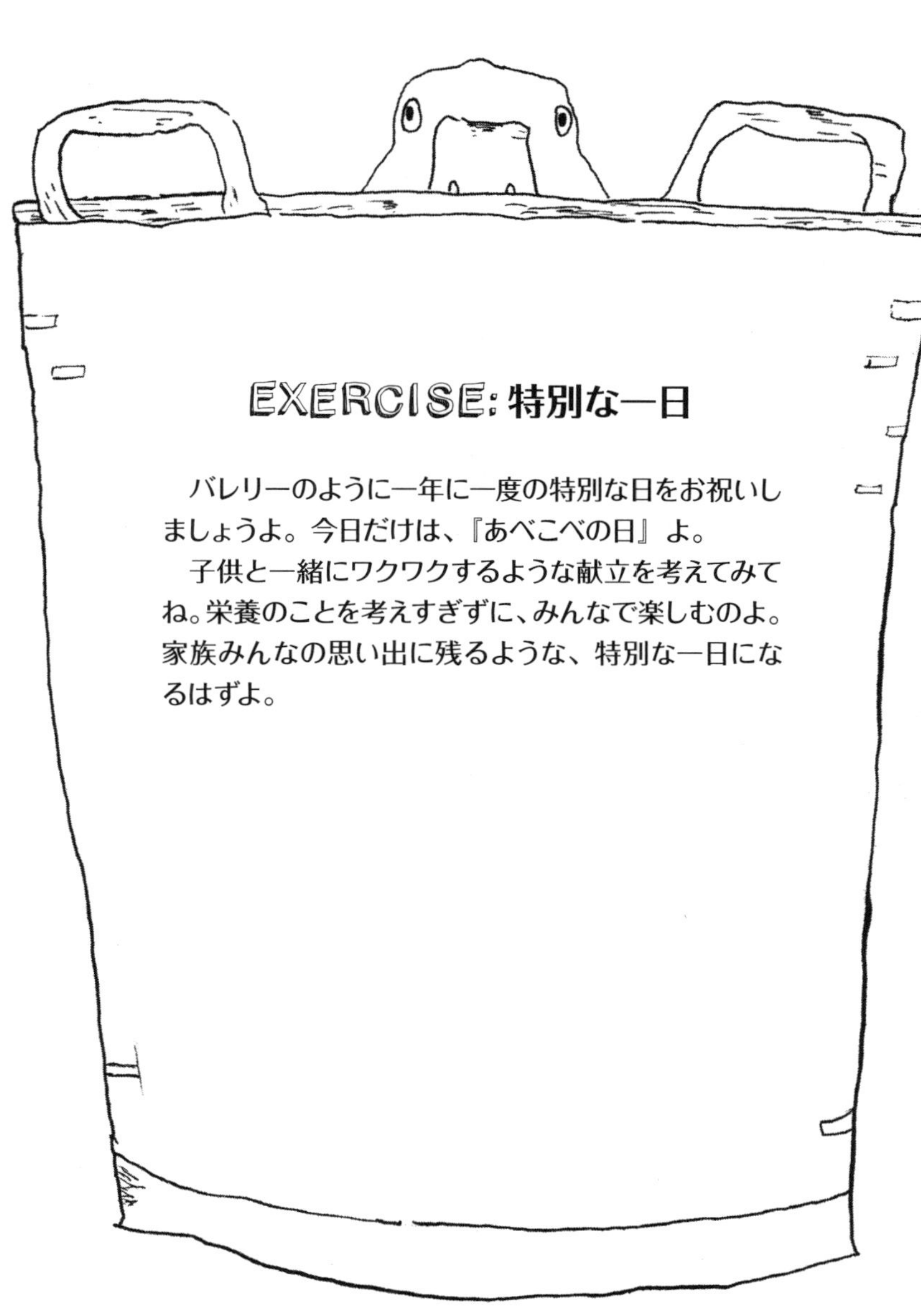

EXERCISE: 特別な一日

バレリーのように一年に一度の特別な日をお祝いしましょうよ。今日だけは、『あべこべの日』よ。

子供と一緒にワクワクするような献立を考えてみてね。栄養のことを考えすぎずに、みんなで楽しむのよ。家族みんなの思い出に残るような、特別な一日になるはずよ。

良いバランス

私たちは、子供たちとのバランスの良い距離感を探していく必要があります。仕事をしなければならず、家にいられない時もあります。子供たちをそっとしておいてあげる方が良い時もあります。毎日の生活の中で、自分、仕事、子供に対して、良いバランスを保つことは、子育てをする上で、多くの人にとっての大きな課題です。

私たちは24時間、良い親でいたいと思っています。いつでも、子供たちの要求に応えられるように準備すべきだと感じています。しかし、この考え方は現実的ではありませんし、すぐに、なんでもしてあげることは、子供たちにとっても良いことではありません。いつでもほしいものが手に入るようにすると、それが当たり前になり、現実の世界とうまくつき合っていくことが出来なくなってしまいます。

ドミニカが何かをしてほしがっている時、「今はだめよ。ママは脚本を書いているのよ」と私が言ってあげることで、彼女は辛抱強さと思いやりを学びました。大人になったドミニカは私に電話をかけてくる時にはいつも、「今、大丈夫？　それとも何かをしている最中だった？」と聞いてくれます。私はドミニカに、今、何が出来、何が出来ないのかを伝えます。「あと、30分で家を出なくちゃいけないの。だから、15分だったら話せるわ」
私が何かをしていて話せないときは、そう伝え、彼女に電話をかけ直すようにしています。こうして、私たちはお互いにとっての良いバランスを見つけ、尊重し合うことが出来ているのです。

山積みになった仕事に追われている時、私たちはスケジュールをコントロール出来ずに、いらだちを感じます。しかし、どんな状況でも、仕事と家庭の良いバランスを見つけ出していくことは出来ます。

起業家のデイビッドは会社を3つ持っています。自宅のあるマイアミの他に、ニューヨーク、ロサンゼルスにも支社があります。そのため、デイビッドはしょっちゅう出張に行っています。「出張から帰ると、３人の息子たちにちょっとしたおみやげを渡すようにしているんだ。野球帽や、本とかね。遠くにいても、息子たちのことを忘れていないってことを、伝えたくて始めたことだよ」
デイビッドはとても忙しく、過密なスケジュールをこなしています。しかし、どこにいても毎日、息子たちに電話をかけて連絡をとるようにしています。

「小さな行動が、大きな変化を生むことを学んだよ。息子たちが何をしていたか、僕がどこにいるかを、毎日10分間、伝え合っているんだ。電話を切る前には、必ず、『愛しているよ』ってお互いに言い合うんだ」

デイビッドの息子のマイクは言います。

「パパは、いつも僕らのことを気にしてくれているから、遠くにいても、僕たちはつながっているんだ。出張がない時は家族の時間を第一に考えてくれるよ」

デイビッドは、「パパがいつも一緒にいた方がいいか?」と息子のマイクに尋ねました。

「休日には遊んでくれるじゃん。それで充分、満足しているよ」

マイクは笑って言いました。

時間を共にしすぎることが、裏目に出てしまうこともあります。

娘を自宅教育している、主婦のダニーは、デイビッドとは正反対の状況にいます。

「自宅教育をしているから、親子の他に、先生と生徒でもあるのよ。だから、一緒にいる時間が、長くなりすぎないように気をつけているわ。家族にとっては正しい選択だと思っているけど、良いバランスを見つけるのは本当に難しいわ」

ダニーは続けます。

「私たちだけで過ごす時間があまりにも長くなると、お互いに息苦しくなってくるの。娘を学校に通わせていない分、人との関係性を築く機会を与えてあげたいとは思っているのよ」

娘が外に出かける時には、ダニーの友人に見てもらうようにしています。

「私だけが、娘につきっきりでいてはいけないと思っているの。娘は私をうっとおしく思って、言うことを聞かなくなってしまうもの」と、ダニーは言います。

家族みんなにとって、共に過ごす適切な長さの時間を見つけていくことで、私たちはお互いの要求に応えていくことが出来るようになります。どれだけの時間を一緒に過ごすか、私たちがコントロール出来る時もあれば、そうではない時もあります。充分な時間を一緒に過ごすよう心がけながらも、長くなりすぎないように注意していなくてはなりません。家族それぞれが、つながりを持つ時間と、一人で過ごす時間をバランス良く築いていくことが大切なのです。

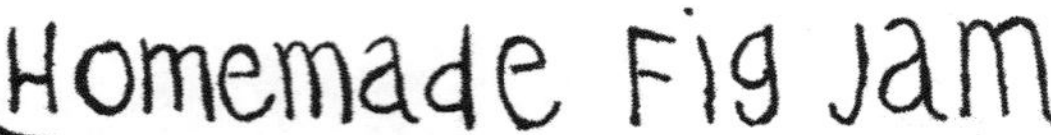

EXERCISE:

家族のルール

つながりを持つ時間と一人の時間を分けるための、家族のルールを作ることで、お互いが干渉しすぎずに、楽しく過ごせる環境を作っていけるようになるわ。家庭の状況によって変わってくるから、あなたの家族に合うルールを探していってみてね。

ルールに、家のお手伝いや、お互いを尊重するための心がけ、楽しい儀式なども入れておくといいわね。それから、夜寝る前に、今日一番楽しかったことを分かち合うのもいいわ。みんなで話し合いながら、それぞれにとってバランスの良いルールを作ってみてね。

巣と翼

「親になることは、もう一度、自分も子供になれるってことなんだ」

若い父親のスコットは言います。

「息子と初めて、海で遊んだ時、僕もあの頃のドキドキ感を体験している気分だったよ。こんなこと、親になるまで想像もしていなかったけど、本当に毎日が充実しているよ」

自分の子供の頃を、子供たちと分かち合うことも、とてもワクワクする経験です。小さい頃の自分が大好きだった遊びを、子供たちと一緒にすることで、もう一度その感動を思い出し、共有することが出来ます。

「最近の子供たちは、テレビゲームばっかりするわね。自分で考える要素のあるゲームをすることが、少なくなったような気がするわ。テレビゲームを取り上げたら、どうやって遊べばいいかわからなくて、困ってしまう子供たちをたくさん見かけるのよ」

シカゴに住む、2児の母親のマルシアは言います。私がマルシアの家を訪れた時、彼女は近所の子供たちを集めてゲームを始めるところでした。

マルシアは、「さあ、テーブルに集まって」と大きな声で子供たちに呼びかけると、子供たちは、何が始まるんだろうと、ワクワクして、すぐにマルシアのところに集まります。マルシアは子供たちに、これから始めるゲームの説明をしました。説明が終わると、子供たちは大騒ぎしながらゲームを始めます。さっきまで部屋の中で追いかけっこをしていた時にはなかった一体感が生まれます。

子供たちがゲームに夢中になっている時に、マルシアが私の方へ向き直りました。

「子供たちは遊び方を知らないだけなのよ。だから、こうやって子供たちにゲームを教えてあげているの。テレビゲームよりも楽しいことがたくさんあるのを知ってほしいのよ」

マルシアが遊び方を教えることで、子供たちはさまざまなことに興味を持つようになり、地域の演劇や合唱にも参加するようになりました。私たちが創造力を使うことで、子供たちにも創造力を使う機会を与えてあげることが出来るのです。

私たちは子供たちにとって、安心出来る場所、いわば、『巣』となることが出来ます。そして、身近な人の協力は、子供たちが大空へと飛び立つための、『翼』となることがあります。

3歳の娘を持つサラは、今まで演技をすることに興味を持ったことはありませんでした。

「私に演劇のことはよく分からないけれど、娘のエヴァはとても楽しんでいるわ。私が情熱を感じることではないけれど、娘がワクワクしているのを見ると、私も嬉しくなるわ。舞台を見る彼女の目は真剣そのものなのよ。娘を出来るだけ演劇に連れて行きたいと思っているの」

サラは続けます。

「最近、彼女は自分一人で演技の練習も始めたのよ。すでに女優の顔になってきているわ」

サラは笑いながら言います。

「エヴァが家で役作りをしている時は、そっとしておくようにしているの。エヴァはよく自分でお話を作って、自分で演技をするのよ。私はそんな彼女の熱狂的な観客なの」

サラの弟のトビーは、幼い頃に初めて演劇を見て以来、とりこになり、演劇の道に進むことに決めました。大人になった今、トビーはプロの演出家として生計を立てています。

「初めて演劇を見たのは、小学校の低学年だったよ」とトビーは思い出します。

「その迫力と美しさに、圧倒されたよ。魔法にかけられてしまったみたいに、その場から動けなくなってしまったんだ。僕はあの時の感動を、お客さんにも味わってもらいたいと思って、舞台の演出をしているんだよ」

トビーにとって姪にあたるエヴァが、演技に興味を持ち始めているのを知り、トビーはワクワクを抑えることが出来ません。彼女の家を訪れては、演劇の映画を持っていき、エヴァと一緒に観ながら、演技について熱く語り合います。

母親のサラはエヴァの観客となり、拍手を送ってあげることで、安心出来る、『巣』の役割をはたしています。トビーはエヴァの親戚であるだけではなく、同じ情熱を持つ仲間として、演技を教えてあげることで、エヴァが飛び立つための、『翼』の役割をはたしています。二人はエヴァの情熱に注目してあげることで、安心して大空へ羽ばたけるように支えているのです。

EXERCISE: ゲームをする

子供と一緒にゲームをしてみて。テレビゲームのことじゃないのよ。子供の頃、あなたが好きだったゲームが理想的ね。どんな思い出がよみがえるかしら？　あなたの子供は、どんなふうに楽しむかしら？

MILK

第12章 信じる心を育む

私たちは、子供たちに干渉しすぎずに信じてあげることで、創造力をのびのびと育てていくことが出来ます。やがて、子供たちの創造力は、消えることのない炎へと成長し、私たちの道を照らし出すランプとなるのです。

「信じられる鏡」を見つける

『信じられる鏡』とは私たちの素晴らしい部分を引き出してくれる人たちのことです。彼らは、私たちの中にある好奇心と幸福感を呼び覚ましてくれます。私たち親が、『信じられる鏡』となるだけではなく、子供たちがこういった人たちに囲まれて暮らせる環境を作っていくことも、創造力を育んでいくのにとても大切なことです。

私たちは子供たちの生活を全てコントロール出来るわけではありませんし、ましてや、子供たちが良い人ばかりに出会うとも限りません。時には、不真面目な教師や意地悪なコーチなどとの関わりを避けられないこともあるでしょう。

しかし、大多数の人々は献身的にサポートをしてくれるのです。自分にとって、どんな人が助けとなってくれるのか、見極める洞察力を子供たちに身につけさせてあげてください。

創造力は、子供たちの心にとって、酸素のようになくてはならないものです。子供たちから創造の自由を奪うと、彼らはとたんに暴力的になったり、いじわるになったりします。振り返る余裕もないほどにスケジュールに追われた毎日を送っていると、私たちはまるで人生に戦いを挑んでいるような気分になっていきます。同じように、創造性をせき止められた子供たちは、小さな箱に押しこめられたように息苦しさを感じ、反発して怒りをあらわにします。

私は創造力あふれる人たちと話したり、共に仕事をしたりしながら、彼らがよく似た特徴を持っていることに気がつきました。

それは、どの人も道の途中で、『信じられる鏡』に出会い勇気づけられてきたということです。もし親である私たちが、『信じられる鏡』になることが出来れば、子供たちは望む職業についたり、素晴らしい人生を自分の手で作っていったりすることが出来るようになるでしょう。

私のクラスの生徒であり、プロのミュージシャンでもある人がいます。彼に、どうしてあきらめずに夢を追いかけることが出来たのか聞いてみると、迷うことなく答えてくれました。
「両親のおかげだよ。僕が音楽の道を志してから、罪悪感を抱かせたり、無謀なことだと感じさせたりすることは、一度だってなかったんだ。金銭面や精神面でサポートを必要としている時には、いつだって手助けもしてくれたよ。父さんが、『たいていの人が、自分の人生に何か良いことがやってくるのをただ待っている中で、若くして自分の情熱と創造力を発見出来たことは本当に幸運だったな』ってよく言っていたよ」

これはまさに真実を言い当てています。
「自分の人生に何か良いことが起こってくれないだろうか」と多くの人々が待ち続けていることに、私は疑問を抱きます。

なぜならば、外から何かがやってくるのではなく、私たちは自分で創造していくものだからです。

実際に行動し、見本となり、それを指し示してくれる人こそが、私たちが必要とする、『信じられる鏡』なのです。

アーティストとしての自尊心は、創作をすることによって得られます。

意識的に、創造性をサポートすることによって、アーティストとしての自分にこう伝えることが出来ます。

「ユニークなあなたの目に映る世界を見せてちょうだい。あなたの考えていることをもっとよく知りたいの」

一つ一つの小さなアクションの積み重ねが、パワフルな効果を生み出すこともあります。

俳優のピーターは小学生の時、演劇に参加していました。

「母は決して舞台を見逃すことはなかったよ。僕の演技を見て、母は最高の喜びを感じていたんだ。それから、『僕は本当に俳優なんだな』って自分を認めることが出来たよ。僕自身、演技が大好きなんだってこともね」

『信じられる鏡』になる方法は、人によってさまざまです。子供たちは創造性の泉に飛びこむ時、自分と向き合います。そこで、何ものにもかえられない宝物が自分の中にあることに気がついていくのです。

「義理の母は私の創造力を最も刺激した人よ。彼女が私たちを怠けさせないようにしてくれたおかげで、退屈した状況をワクワクする状況に変える術を、学ぶことが出来たの」

ミシェルは言います。

「その頃は、義理の母に、日中にテレビを見るのは禁止されていたし、土曜日の昼間にお皿洗いなんてしたくなかったから、どうやったら楽しめるかを工夫しなくちゃならなかったの。それで、恥ずかしがり屋の弟と、よく、『想像上の友達』という遊びをしたわ。お人形は持っていなかったから、コピー用紙で人形を作ったの。何時間もかけて、その人形のための小さな洋服や、電話や、お化粧道具、買いものかごなんかを描いてすごしたわ」

創造性はある特別な出来事の中に横たわっています。創造力を育んだ思い出を語る時、子供の頃の経験や出来事が関連していることは偶然ではありません。

「コメディへの情熱は祖父からもらったものなのよ」

ミシェルは続けます。

「私がまだ小さかった時、祖父はよく私の前にしゃがみ、へんな顔をして笑わせてくれたわ。それから何年か経って、祖父に会うために電車に乗ろうとしていたら、祖父がこっちに来るのが見えたの。祖父は私を笑わせようと、片目を半分閉じて、足を引きずりながら歩いていたわ」

そう言うと、ミシェルは笑いました。

「私が誰かになりきって演じることを思いついた時、最初は祖父の真似から始めて、それから自分のキャラクターを作り出していったの。私がどんな顔をしても、どんなジョークを言っても笑ってくれたわ。私のことを面白いって祖父が信じていてくれたから、私も自分のことを面白いって思うようになれたのよ」

今、ミシェルは即興演劇のコメディアンとして活躍しています。彼女のお気に入りのキャラクター。それはもちろん、『足を引きずった男』です。

創造力を必要とする夢を追いかける人に、「無責任な仕事につこうとするのはやめなさい」と押しつぶそうとすることは、とても無責任な行いです。なぜなら、私たちはみんな創造力にあふれた存在だからです。

他者を受け入れることは、本当の自分を受け入れてあげることでもあります。みんなが本来のあるべき姿を見せることで、お互いにとって、『信じられる鏡』になれるのです。

EXERCISE:『信じられる鏡』

あなたにとって『信じられる鏡』となる人を思い浮かべてから、空欄を埋めてみて。

私の、『信じられる鏡』は______________________________だ。

この人は私を________________________だと映し出してくれる。

では、あなたの子供のことを考えてみて。すでに、『信じられる鏡』になり得る人は見つかっているかしら？　それとも、子供の生活に迎え入れられる人がまだ他にもいるかしら？

私の子供にとって、
『信じられる鏡』は__________________________________だ。

私の子供にとって、
『信じられる鏡』になり得る人は__________________________だ。

誰かの役に立つ

ジェナはミネアポリスの郊外に住んでいました。彼女には４人の子供がいて、お金もあまりなかったので、家を開放してベビーシッターを始めました。

「いつだって、もう一人入れる場所があるのよ」と彼女は口ぐせのように言い、世話をする子供の数はしょっちゅう二桁に上りました。

「子供たちに会いたいのなら、私の家に来ると良いわ」

ジェナは誇らしげに言います。ジェナは子供たちが仲良くなっていくのを見ると、深い満足感を覚えました。ジェナにとって最高のご褒美は、子供たちの笑顔を見ることでした。

「すごく幸せな気持ちになるわ。この仕事が大好きなんだ、って思う瞬間よ」

ジェナは言います。

「誰かの一日を少しでも明るく出来たら、最高よね」

深い満足感は人の役に立つことによって得られるものなのよ、とジェナは笑って教えてくれました。

見返りを求めずに奉仕する人たちが、多くの人々をより良い人生へと導いてきました。そういった人たちから学ぶことはたくさんあるはずです。

学校の先生が、子供たちのためにその役を買って出てくれたとしたら、それはとても幸運なことです。

シャロンは、息子と演劇の先生のタイラーとの関係について話をしてくれました。シャロンはタイラーのことを、『人生を変えてくれた人』と表現しています。

「タイラーは部屋に閉じこもっていた息子を外へ連れ出してくれたの」

そう言うと、すぐにシャロンの目から涙があふれ出そうになりました。

「周りから、『あなたの息子を助けることは出来ない』と言われたわ。けれどタイラーだけは、あきらめないでいてくれたの。タイラーは息子を励まし続け、殻の中から連れだしてくれたわ。そして、息子のコメディの演技の能力を見いだし、みるみるうちに上達させていったの。私は息子に突出した才能があるのは知っていたけど、何をしたがっているのかまではわからなかったの。それに、部屋から出てきてもらうにはどうすれば良いのかもわからなかった。でもタイラーには何もかもわかっていたのよ。彼には感謝してもしきれないわ」

私たちは、こういった人生の先生を見つけることで、子供たちを励ましていけるのです。

私たちは、子供たちに踊り方を教える必要はありませんが、ダンスレッスンに連れて行ってあげることは出来ます。

カリフォルニアに住む、ある父親は、「僕がしたことと言えば、子供たちを色んな活動に連れて行ったことくらいさ」と教えてくれました。

何年も子供たちを色んな活動に連れて行くのは、まさに無償の行いでした。お金や時間、労力の見返りを求めないサポートが、子供の才能を開花させていったのです。

大人になった彼の娘は今、好きなことだけをして生計を立てています。

「父は、さまざまな活動を通して創造的な人たちと関われる環境を作っていってくれたの。父の献身的なサポートがあったからこそ、私は同じことに関心のある創造的な人たちと仲良くなれたのよ」

現在、彼女はダンサーを目指す人たちの支援活動も行っています。こうして、父親の無償のサポートは、次の世代へと受け継がれていったのです。人は、他者の創造的探求を励ますことで、自分自身の創造性にも弾みがついていくのです。

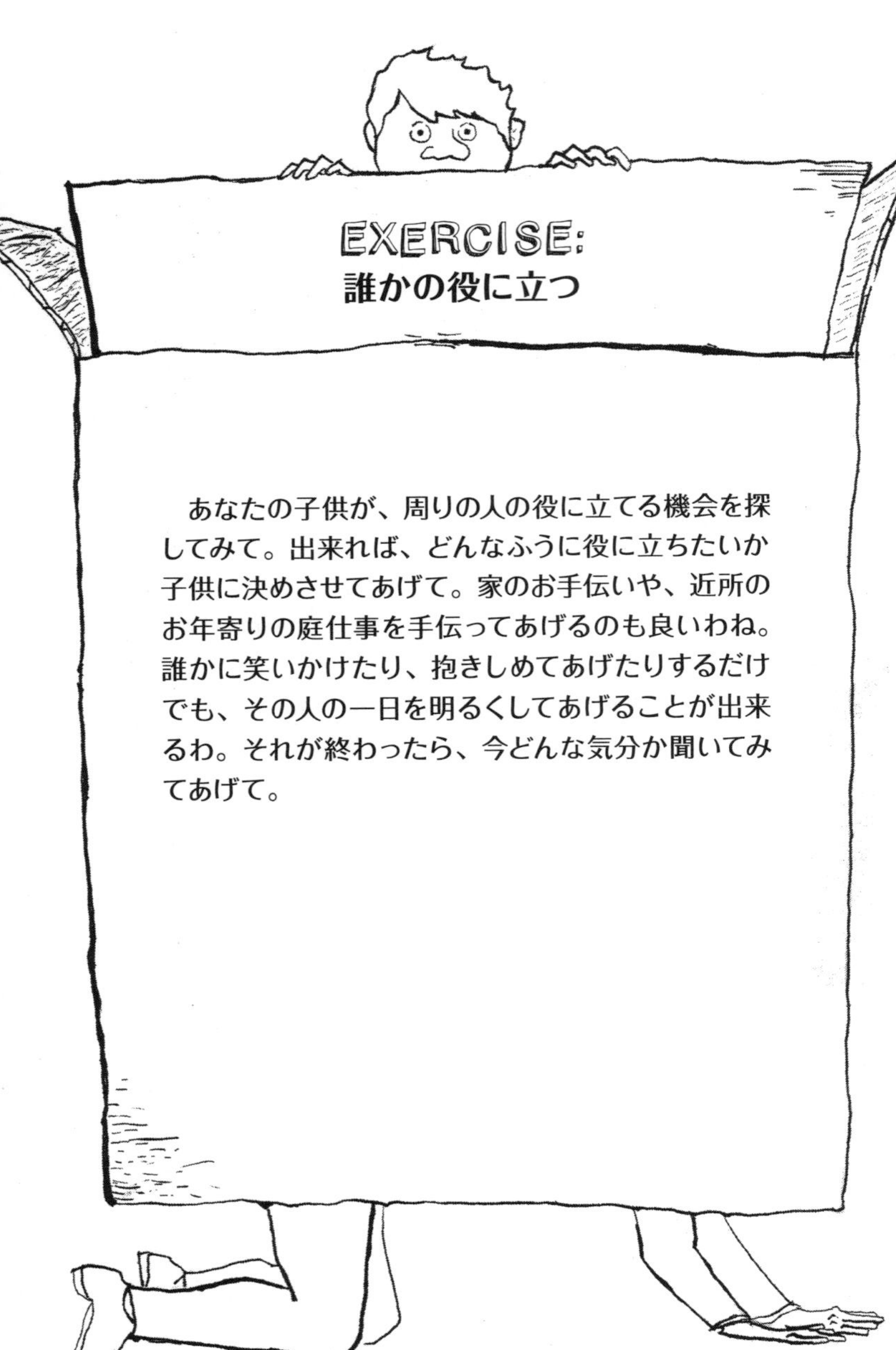

EXERCISE:
誰かの役に立つ

あなたの子供が、周りの人の役に立てる機会を探してみて。出来れば、どんなふうに役に立ちたいか子供に決めさせてあげて。家のお手伝いや、近所のお年寄りの庭仕事を手伝ってあげるのも良いわね。誰かに笑いかけたり、抱きしめてあげたりするだけでも、その人の一日を明るくしてあげることが出来るわ。それが終わったら、今どんな気分か聞いてみてあげて。

不思議な力を信じる

「人生は厳しい。みんなの言う通りの道を歩みなさい」と、私たちはよく言われてきました。しかし実際はその逆です。「人生は美しい。思う存分自由に生きなさい」。これこそが真実です。私たちは決して一人ではありません。親はいつでも子供の手助けを出来るわけではありませんが、やりたいことをやる機会を与えてあげることは出来ます。

前向きで創造的な行動は、必ず誰かがサポートしてくれます。そして、本当にやりたいことをやる時、不思議な力がそっと手を貸してくれるのです。

一時期、私はドミニカを、ニューヨークから離れたシカゴの公立の学校に通わせていました。彼女のお父さん、つまり当時の私の夫はとても有名な人だったので、なるべくドミニカを巻き込みたくなかったからです。

しかし、彼が携わった映画、『The Last Temptation of Christ(邦題:最後の誘惑)』は、ニューヨークからシカゴまで知らない人はいないほど大ヒットしました。そのことで、ドミニカはクラスメートから、よくからかわれていました。

最初、私はそれほど深刻なことだとは思っていませんでした。からかう子たちはまだ小さすぎて、自分のしていることがよくわかっていないだけよ、と結論づけていたのです。でも、いくら彼らが若すぎるからと言ったって、ドミニカが一人で耐え忍んでいるのを見るのは我慢が出来ませんでした。

ドミニカはよく泣きながら学校から帰ってきました。彼女は、学校で仲間はずれにされていましたが、父の名誉を守ろうと必死に戦っていました。

私は考え直し、ドミニカにとってより良い環境を探し始めました。そして、ドミニカのアートに対する興味を温かく迎え入れてくれた、新しい学校に転校させたのです。

ドミニカは、演劇の技術部に入り、照明と音響について学びました。彼女はそこで出会った年上の男の子に恋をしたのです。

ロマンティックな関係を経て、現在、二人は幸せな結婚生活を送っています。こうして、思いもよらないところで、不思議な力が彼女をサポートし、素敵な人と巡り会わせてくれたのです。

創造力は、命のように暗闇の中から始まります。何か大きな力に導かれながら、私たちは歩んでいきます。

私たちは、暗闇の中でも光を信じなければなりません。子供たちの成長を忍耐強く見守っていると、彼らの創造力はその力を発揮していきます。

子供たちの創造力を、暗闇の中でも育ててあげてください。子供たちの個性を温かく見守ってあげてください。

本来、私たち人間は創造力にあふれています。私たち人間は、創造し続けるものなのです。

今日、私の美しい孫、セラフィナ・ローズと人形で遊んでいると、不思議さに身を任せることの素晴らしさを思い出しました。そして、彼女の手を握りながら、こんな言葉が心に浮かんできたのです。

「私たちは偉大な創造者である」と。

EXERCISE: メッセージカード

願い事を書いてみて。長くても短くても良いわ。それが現実的かどうかなんて考えなくて良いの。親友に渡す手紙のように、ただ心を込めて書けば良いのよ。これは他でもない、あなただけのために書かれたメッセージカードになるのだから。

DEAR ______________________

____

____

____

____

____

____

____

____

____

____

____

ジュリア・キャメロン　Julia Cameron
創造性を育てる方法論「アーティスト・ウェイ」を語り、さらに磨きつづけているジュリア・キャメロンは、30年以上にわたってハリウッドの第一線で活躍しつづけているアーティスト。小説家、詩人、脚本家、映画監督、シナリオ・ライター、創造性のワークショップのファシリテーターなどその活動は多岐にわたっている。彼女が開発した創造性を養うための方法論やプログラムは多方面から高く評価され、大学の講義にも取り入れられている。

エマ・ライブリー　Emma Lively
クラシックのヴィオリストでありながらミュージカルの脚本家、指揮者、作詞家。作品会社のライブリワークス社とケータリング会社のバニーベーカリーの代表取締役。過去10年間ジュリア・キャメロンのビジネスマネージャーを努めており、キャメロンの音楽の作曲、作詞をサポートしている。2人の最初のコラボレーションは、大ヒットを飾った『THE PROSPEROUS HEART』。

子供はみんなアーティスト!
The Artist' s Way for Parents -Raising Creative Children-

2015年3月14日　初版発行

著　ジュリア・キャメロン、エマ・ライブリー／Julia Cameron, Emma Lively
監訳　沼田壮平
翻訳　荒尾日南子／渡邉典代
イラスト　Sohhei Numata　www.bignothing.net/sohheinumata.html
編集・制作　高橋歩／伊知地亮／滝本洋平
編集アシスト　菅澤綾子
デザイン　大津祐子

印刷・製本　中央精版印刷株式会社

発行者　高橋歩

発行・発売　株式会社 A-Works
東京都世田谷区玉川 3-38-4 玉川グランドハイツ 101　〒158-0094
TEL:03-6805-6425　FAX:03-6805-6426
URL:http://www.a-works.gr.jp/　E-MAIL:info@a-works.gr.jp

営業　株式会社サンクチュアリ・パブリッシング
東京都渋谷区千駄ヶ谷 2-38-1　〒151-0051
TEL:03-5775-5192　FAX:03-5775-5193

ISBN978-4-902256-62-8
PRINTED IN JAPAN